Horst Nagel

Mantras

zum Freuen und Feiern und für den inneren Frieden

Titelbild: Ganesha = Göttliche Kraft der Weisheit
                    Beseitiger aller Hindernisse

Books on Demand   2021

© 2021, Horst Nagel
Herstellung und Verlag: BoD – Books on Demand, Norderstedt
ISBN: 9783750497887

Inhaltsverzeichnis der Mantras

Abkürzungen:
T = Text von …..
TA = Text-Anregung durch …..
MA _ Melodie-Anregung durch …..

Kapitel 1 Einleitung

In jedem Menschen ist Freude. Freude kommt von innen heraus und ergießt sich in die Welt.

Um innere Freude zu empfinden, muss man die Wirklichkeit begeistert annehmen können – mit allem, was damit verbunden ist,

Freuen hat einiges mit Feiern zu tun. Wir sollten das Leben feiern, die Tatsache, dass jeden Morgen die Sonne aufgeht, dass die Blumen in jedem Frühling wieder zu blühen beginnen und dass wir auf der Erde leben, um uns an alledem zu erfreuen.

Musizieren, Singen oder „nur" Musikhören sind in allen kulturellen Traditionen viel genutzte Methoden, um Freude und Seligkeit zu empfinden.

Durch das gemeinsame Singen von spirituellen Liedern werden Selbstheilungskräfte gestärkt, denn Singen stärkt die körperliche und seelische Gesundheit.

Singen aktiviert die Lebensenergie und bringt sie zum Fließen. Unser Energiefeld weitet sich aus und kommt sowohl jedem Einzelnen wie auch der Gruppe zugute. Und die erzeugten Energien gehen hinaus als Energien für den Frieden, sie helfen mit, unsere Entfremdung von der Natur zu heilen.

Mantras sind keine todernste Angelegenheit. Sie dürfen voller Freude und schwungvoll gesungen werden, wie es auf Rainbow-Treffen praktiziert wird. Diese entstanden in Amerika und orientierten sich sehr stark an indianischen Elementen: Freude, Lebendigkeit, Einsatz von Rhythmusinstrumenten bis hin zu Tanzbewegungen.

Durch gemeinsames Singen entsteht ein kraftvolles Resonanzfeld. Es entsteht ein Gefühl des Ankommens und Zuhause-Seins. Es ist wie ein Zurückkehren zur eigenen Quelle, um sich an dem Wasser des Lebens zu erfrischen und sich mit dem Fluss des Lebens zu verbinden, um Strudel und Turbulenzen zu überwinden.

So schaffen wir durch das gemeinsame Singen von spirituellen Liedern einen Rahmen, in welchem sich Herzen öffnen.

> Mantras verschieben unser Bewusstsein von dem alltäglichen Wachzustand auf die archetypische Traumzeitebene. Sie hungern den kritischen, neugierigen, ewig unzufriedenen Intellekt aus, so dass das tiefere, instinktivere, götternahe Bewusstsein aufleuchten kann.
>
> (Wolf-Dieter Storl)

Spirituelle Mantras bewegen sich zwischen zwei Polen – zwischen dem Andächtigen, Heiligen und dem Freudigen, Schwungvollen und Rhythmischen. Mantras, die das Zweite verstärkt beinhalten, wurden folglich für dieses neue Büchlein bevorzugt.

Kapitel 2   Das Leben feiern

Wenn wir unser Leben feiern, danken wir für unsere Verbindung mit dem Göttlichen. Wir sind uns bewusst, dass wir alle eins sind. Gott bedeutet Liebe zu uns selbst und damit das Einssein mit dem Leben.

Wenn wir uns bewusst sind, dass wir von Gott, egal wie wir ihn nennen und ihn uns vorstellen, angenommen sind, weil wir als Mensch leben, fallen sämtliche zwanghaften Anstrengungen und Bemühungen weg, irgendetwas oder irgendjemanden verändern zu wollen. Wir können entspannt sein und uns fallen lassen in das Angenommen-Sein. Mit einem solchen Gottesverständnis rücken wir ganz nahe an die animistischen Religionen.

Bei vielen Stammeskulturen kann man sehen, wie diese das Leben feiern. Diese Menschen haben ein enorm hohes Maß an Leben und Kultur bewahren können. Dies zeigt die Vielfalt des Tanzes, der Musik, der Lieder. Dies zeigt das ganze Gemeinschaftsleben mit all seiner Spontaneität; und sie besitzen einen tiefen Sinn für die Gemeinschaft mit der Natur. Wir können von ihnen lernen, dass es Sinn macht, durch Singen, Tanzen und Lieben das Leben zu feiern, um mit seiner Lebensfreude in Kontakt zu bleiben.

> Afrikanische Fröhlichkeit: Menschen besitzen mehr Liebe zum Leben als Furcht vor dem Tod.   (Alice Ekert-Rotholz)

Wir können von ihnen lernen, wieder zu wagen, unsere Gefühle zu äußern und   mitzuteilen. Wenn wir aber „gesellschaftskonform" unsere Erlebniswelt immer weiter komprimieren auf die Welt der Dinge und ihrer Verwaltung, so werden wir erleben, dass unsere Seele entweicht. Dem können wir entgegenwirken, z.B. durch (keltische) Jahreskreisfeste oder anderen Gelegenheiten, wo Menschen zusammenkommen.

Einige Textzeilen der spirituellen Lieder können am besten veranschaulichen, wie wir das hinbekommen können:

> *Lass' den Kreis geöffnet sein, aber ungebrochen ... frohes Zusammensein, frohes Auseinandergeh'n;*
> *Ich bin eine schöne Blume im Garten, den man Liebe nennt;*
> *Singe, bis deine Seele Flügel bekommt;*
> *Ich will lieben, lachen tanzen, freudig leicht durchs Leben geh'n;*
> *Leben ist jetzt, genau in diesem Augenblick;*
> *Unser Leben ist ein Fest, uns're Herzen öffnen sich;*
> *Lebe für die Liebe, lebe für die Freude, lebe für die Ekstase.*
> *Bleiben wird die Liebe, die allem einen Sinn verleiht;*
> *Bevor meine Träume verblassen, bevor meine Träume vergeh'n, will ich mein Leben feiern;*

LASS DEN KREIS GEÖFFNET SEIN

1

Lass den Kreis ge - öff-net sein, a-ber un-ge - bro-chen, die gött - li-che
Lie-be in uns'-ren Her-zen sein. Fro-hes Zu - sam-men-sein, fro-hes Aus-ein -
an - der geh'n und ver - bun - de-nes Wie-der-seh'n.

Gopaldas Wyslich

TANZE, LACHE, LIEBE

2

Tan-ze, la-che, lie-be! Seh-ne, su-che, fin-de! Flie-ge, füh-le,
träu-me! Ver - trau - e dem Le - - ben! Le - - ben!

TA: Dorothee Teves / HAPPINEZ

COME AND SING (KANON)

3

Come and sing, come and swing swing.
Sin-gen ist Me - di - zin. Sin-gen ist Me - di - zin

Wolfgang Bossinger

LEBE, LEBE HEUTE

Le - be, le - be heu-te, ge - nie - ße die-sen Tag,

le - be, le - be heu-te, was auch kom-men mag.

Mach dir kei - ne Sor-gen, ges - tern ist vor - bei,

Zu-kunft ist erst mor-gen, und heut' bist du doch frei, und heut' bist

du doch frei. Drum: frei. Ge - nie-ße dies Ge - schenk.

ICH BIN EINE SCHÖNE BLUME

Ich bin ei - ne schö - ne Blu - me im Gar-ten, den man Le-ben nennt.

Vol-ler Duft und tie-fer Far - be im Gar-ten, den man Le-ben nennt.

Ich bin Schön-heit, ich bin Le - ben, ich bin Lie - be, ich bin Ge - ben.

TA: Jeru Kabbal

SINGE, BIS DEINE SEELE FLÜGEL BEKOMMT

Sin-ge, bis dei-ne See-le Flü-gel be- kommt. Tan-ze, bis dein Kör-per schwebt.

Tromm-le, bis du eins bist mit dem Herz-schlag der Er - de.

Klaus Nagel & Susanne Mössinger

LEBEN IST JETZT

Le-ben ist jetzt, ge-nau in die-sem Au-gen-blick. Der Him-mel ist

hier, in mir, in dir, ist ü-ber-all. Le-ben ist jetzt, ge-nau in die-sem

Au-gen-blick. Der Him-mel ist hier, in mir, in dir, ist ü-ber-all.

BEVOR MEINE TRÄUME VERBLASSEN

Be-vor mei-ne Träu-me ver-blas-sen, be-vor mei-ne Träu-me ver-gehn, will

ich mein Le - ben fei - ern, den Him-mel im All - tag sehn:

Will ich le.-ben, will ich lie-ben, will ich le-ben, will ich sein.

le - ben, Son-nen-schein sein, Son-nen-schein sein.

TA: Martin Hofmair/ Kloster Arenberg

ICH BIN EIN LIEBENSWERTES WESEN

Ich bin ein lie-bens-wer-tes We-sen, bin vol-ler Lie-be, bin wun-der - schön.

Ich will lie-ben, la-chen tan-zen, freu-dig, leicht durchs Le-ben gehn.

TA: Robert Betz

TROMMELN DRÖHNEN DURCH DIE NACHT

Trom-meln dröh-nen durch die Nacht. Fü - ße sind zum Tanz er - wacht.

Trom-mel-rhyth-mus treibt mein Blut, ver - bun-den bin ich und zen - triert.

Mein A-tem ist ein Lied. Mein Kör-per ist ein Tanz.

Zeit. die ist nicht mehr da, ver - bun-den bin ich und zen - triert.

UNSER LEBEN IST EIN FEST

Un-ser Le-ben ist ein Fest, uns-re Her-zen öff-nen sich, uns-re

Fül - le bricht her - vor, wan-delt Le - ben in ein Fest.

I WALK IN BEAUTY THROUGH MY LIFE

12

I walk in beau-ty through my life, I walk in beau-ty through my life. En-

joy the beau-ty of my life, en - joy the beau-ty of my life.

Ich gehe in Schönheit durch mein Leben.
Ich erfreue mich an der Schönheit rings um mich her.

BLEIBEN WIRD DIE LIEBE

13

Blei-ben wird die Lie-be, die al-les be-wegt: Him-mel und Ge-stir-ne, die

Men-schen, die Na - tur. Blei-ben wird die Lie-be, die uns er - füllt mit

Freu - de und mit Angst, mit Freu - de und mit Angst.

Blei-ben wird die Lie-be, die al - lem ei - nen Sinn ver - leiht.

TA: Paulo Coelho

EINE UNGEHEURE FREUDE

14

Ei - ne un - ge-heu-re Freu-de, ei - ne un - ge-heu-re
Ich bin Teil des gro-ßen Gan-zen, ich bin Teil des gro-ßen

Fül-le, ist in mir, strahlt aus mir.
Geis-tes: Ich bin Du, Du bist ich.

GLAUBE AN DIE SCHÖNHEIT

15

Glau-be an die Schön-heit, Mut-ter Er-de ist voll Schön-heit ü-ber- all.

Glau-be an die Lie-be, Mut-ter Er-de, Va-ter Him-mel lie-ben dich.

TA: Sun Bear

SPIEL DEIN SPIEL UND WEHR' DICH NICHT

16

Spiel' dein Spiel und wehr' dich nicht, lass' es still ge - sche - hen!

Lass' vom Win-de, der dich bricht, dich nach Hau-se we - hen!

Ho ho ho ho hoo he he he he hee ho ho ho ho hoo he he he he hee

he he hee Ho hee

T: Hermann Hesse

LEBE FÜR DIE LIEBE

17

Le-be für die Lie-be, le-be für die Freu-de, le - be für die Ek - sta - se.

Eh - re dein Le - ben, eh - re dein Le - ben!

TA: Osho   M: Horst Nagel

Kapitel 3   Blicke nach Osten

Das Rezitieren und Singen von Mantras stammt aus Indien – aus dem Hinduismus und Buddhismus. Gurus brachten es nach Amerika, von wo es sich in die Welt verbreitete.

„Mantra" ist ein indisches Sanskritwort und heißt so viel wie „Gesang zur Befreiung". So weist die Bedeutung hin auf eine wohltuende Wirkung auf Körper, Seele und Geist.

Mantras zum Freuen finden sich v.a. bei den Gottheiten Krishna und Shiva. Krishna wurde auf die Erde geschickt, um die Menschen daran zu erinnern, dass Gott auch das Schöne und Lustige geschaffen hat, um sich daran zu erfreuen, dass Lebensfreude und Leichtigkeit göttliche Aspekte sind, welche wir Menschen nicht zu kurz kommen lassen sollen.

Shiva dagegen stellt den göttlichen Aspekt der Auflösung und der Erneuerung dar. Er öffnet unser Herz, vertreibt negative Verhaftungen, indem er Mauern und Schranken des menschlichen Geistes zerstört, damit das Herz für positive Dinge geöffnet werden kann. Dies ist ein Grund zur Freude, der sich in etlichen flotten Mantras zur Ehre Shivas ausdrückt.

Shiva ist unter vielen Namen bekannt: *Shamboo (= der Freude bereitet und glücklich macht), Shankara (= der Frieden bringt) oder Nataraja (= König des Tanzes).*

Krishna wiederum wird als *Shyam (= der Dunkle, Schwarze, Blaue), Govinda (= der Beschützer) , Gopal(a) (= der Beschützer der Sinne) oder Hari (= der Göttliche)* angesungen.

In sehr vielen Mantras werden Krishna (und seine Shakti Radha) zusammen mit dem älteren Avatar Rama (und dessen Shakti Sita) angerufen. Dabei werden Krishna und Rama um die Gnade gebeten, uns das Göttliche in der Welt bzw. im Leben sehen zu lassen – und es in Dankbarkeit und mit Freude in die Welt tragen zu dürfen.

Außerdem lehrte uns der Hinduismus die Wertschätzung der Shakti, des weiblichen Gottesaspekts. Sarasvati (Shakti von Brahma) Lakshmi (Shakti von Vishnu) und Parvati (Shakti von Shiva) werden angerufen.

SHIVA SHIVA SHIVA SHAMBOO

18

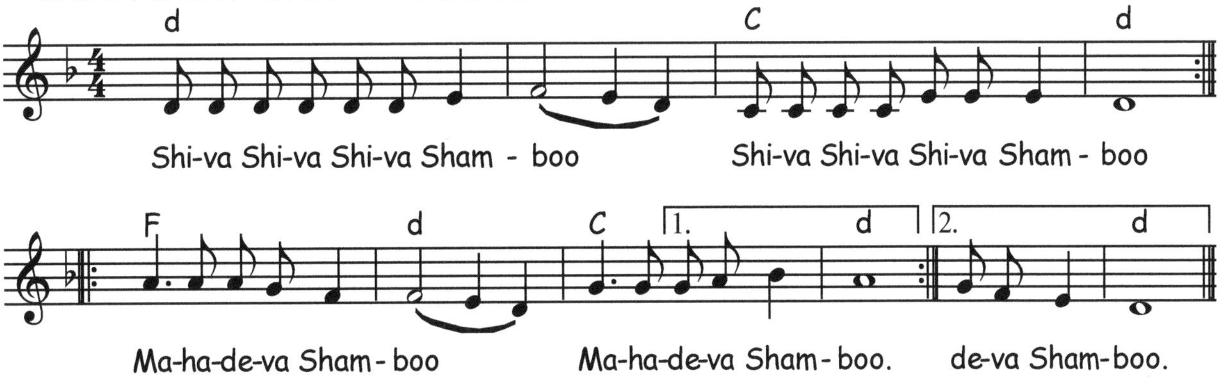

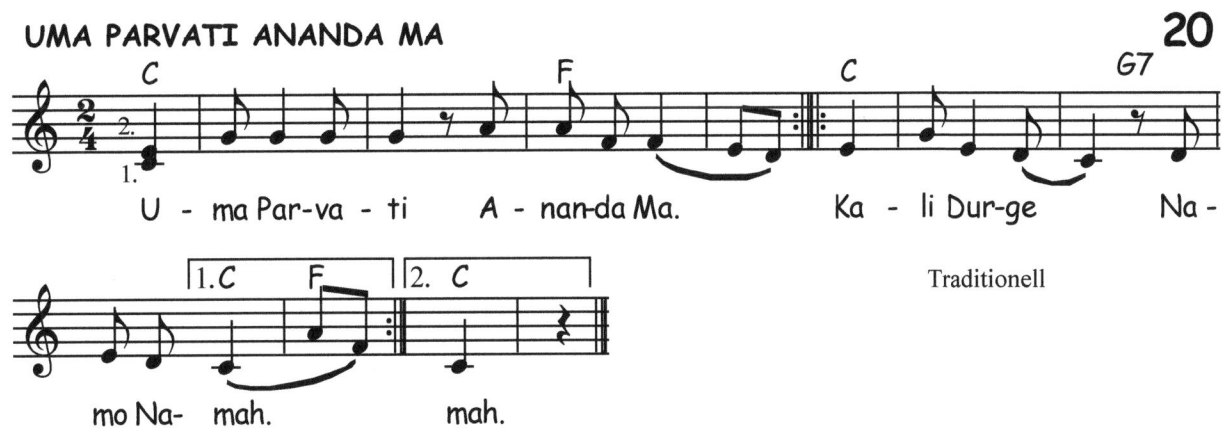

Shi-va Shi-va Shi-va Sham - boo Shi-va Shi-va Shi-va Sham - boo

Ma-ha-de-va Sham - boo Ma-ha-de-va Sham - boo. de-va Sham-boo.

Mahadeva = Großer Gott; Shamboo = Friedensbringer, der uns glücklich macht

TANZE SHIVA

19

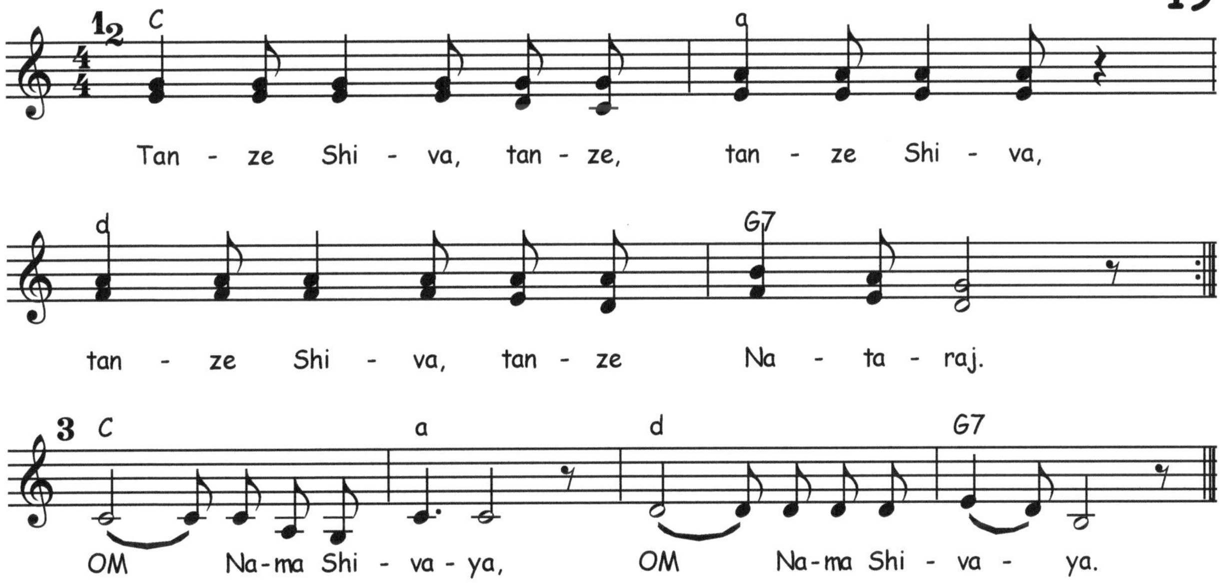

Tan - ze Shi - va, tan - ze, tan - ze Shi - va,

tan - ze Shi - va, tan - ze Na - ta - raj.

OM Na-ma Shi - va-ya, OM Na-ma Shi - va - ya.

Natararaj = Shiva, der König der Tänzer und der Weltbühne.
Shiva tanzt im Flammenkreis alle fünf kosmischen Energien:
Schöpfung, Erhaltung, Zerstörung, Verkörperung und Befreiung.

Traditionell

UMA PARVATI ANANDA MA

20

U - ma Par-va - ti A - nan-da Ma. Ka - li Dur-ge Na -

Traditionell

mo Na- mah. mah.

Ich ehre die zu Shiva gehörende weibliche Urkraft. Sie hat viele Namen:
Uma, Parvati, Ma, Kali, Durga Ananda = höchste Glückseligkeit
Namo = ich verneige mich Namah = du verneigst dich

SHIVA UND SHAKTI TANZT MIT UNS

Shi - va und Shak - ti   tanzt mit uns,   Shi - va und Shak - ti er -

wacht in uns.   Ga - ben zum Le - ben   gebt ihr uns.

Ab - schied   und   Neu - be - ginn er - war - ten   uns.

JAY GANESHA GANESHA SHARANAM

Jay Ga-ne-sha Ga-   ne-sha Sha-ra-nam   Jay Ga-ne-sha Sha-ra - nam.

Ja - ya Shi - va Ja-ya   Par - va-ti   Ja - ya Shi - va Par-va - ti.

Traditionell

1) Ehren der Mutter - Kind - Beziehung
2) Die Ganesha-Energie beschützt uns bei Neuanfängen und hilft, Alltagssorgen zu vergessen
Parvati = Ganeshas Mutter   Sharanam = der Schutz-Bietende

OM SHRIM SHRIYEI NAMAHA

OM Shrim   Shri-yei Na - ma - ha   OM Shrim   Shri-yei Na - ma - ha

OM Shrim   Shri-yei Na - ma - ha   Lak- shmi Na - ma-ha OM

Ich ehre die große Göttin Lakshmi.
(Shrim ist das Keim-Mantra von Lakshmi. Es steht für Reichtum, Fülle,
Gesundheit, Wohlbefinden und innerer Frieden)

OM SHRIM MAHALAKSHMYAI

24

OM Shrim Ma - ha - lak-shmy-ai Na - ma - ha.

OM Shrim Ma-ha - lak-schmy-ai Na - - ma - ha. ha.

KRISHNA GOVINDA GOPALA

25

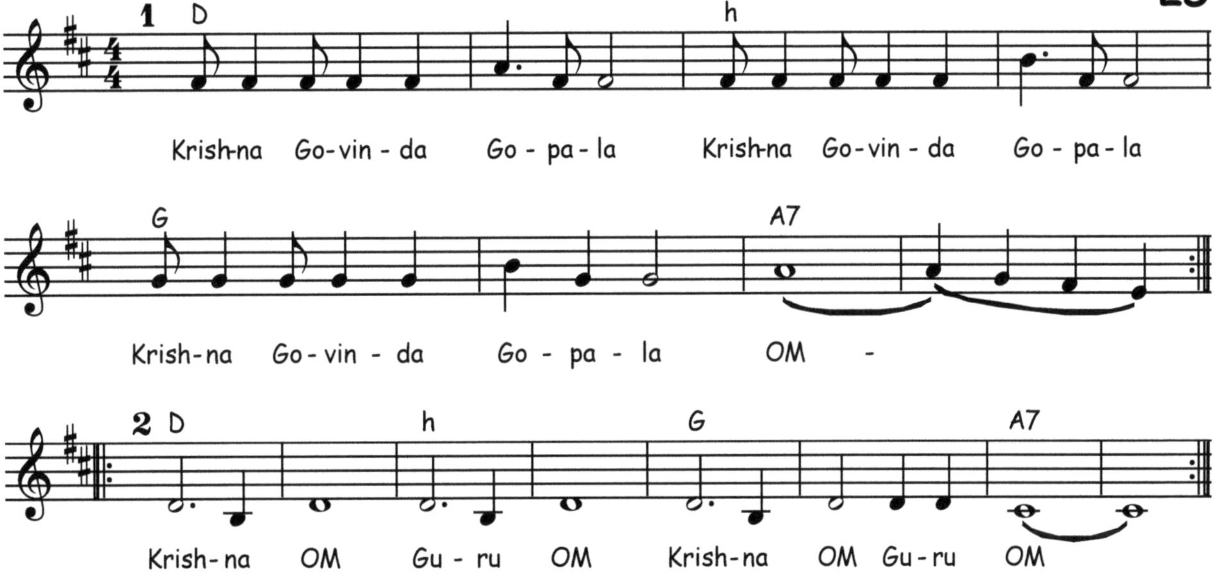

1

Krish-na Go-vin - da Go - pa - la Krish-na Go-vin - da Go - pa - la

Krish-na Go - vin - da Go - pa - la OM -

2

Krish - na OM Gu - ru OM Krish - na OM Gu - ru OM

*Der Beinamen Govinda weist auf Krishnas Verbindung zur Erde
und seine Sinnlichkeit hin.   Gopala drückt
eine spirituelle Liebesenergie zwischen Eltern und Kind aus.*

GOVINDA NARAYANA

Kapo 2 **26**

Go-vin-da Na-ra-ya - na Go-pa-la Na-ra-ya - na Go-vin-da

Go - pa - la Na - ra-ya-na Go-vin-da Go-pa-la Na-ra-ya-na Ha-re

Go-vin-da Go-pa-la Na-ra-ya-na Ha-re Go-vin-da Go-pa-la Na-ra-ya-na.

Traditionell

KRISHNA KRISHNA HARI BOL

Krish-na Krish-na Ha - ri Bol. Jay Go-vin-da Jay Go -

pal Ra-dhe Ra-dhe Ra-dhe Shyam. Ha-ri Bol Ha-ri

Bol Shri Ra - dhe Shri Ra - dhe.

Gopaldas Wyslich

Krishna : Materielle Güter schätzen und nutzen, aber ihnen nicht anhaften.

GOPALA GOPALA

28

Go - pa - la Go - pa - la De - va-ki-nan-da-na Go - pa - la.

De-va-ki-nan-da-na Go - pa - la De-va-ki-nan-da-na Go - pa - la.

Ehre für Krishna und seine Mutter Devaki.
(Zur Stärkung der liebevollen Energie zwischen Eltern und Kind.)

Traditionell

RADHE GOVINDA

29

Ra - dhe Go - vin-da, my heart is laugh-ing, Ra - dhe Go -

vin-da, I'm full of joy. joy. Ra-dhe Go - vin-da, my

heart is laugh-ing, Ra-dhe Go - vin-da, I'm full of joy. joy.

O Radha und Govinda! Wenn ich an euch denke,
dann lacht mein Herz. Ich bin voller Freude.

MEIN HERZ WILL SINGEN

D   G   D   G   D

Mein Herz will sin-gen,   vor Freu-de sin-gen,   mein Herz will

A7   D   G   A7

dan-ken,   dass es mich gibt.   Und ich will tan-zen,   vor

A   1.   D

Freu-de tan-zen,   und ich will dan-ken,   dass es mich gibt.

2.   D

dass es mich gibt.   Ha-re Krish-na Ha-re,   Ha-re Krish-na Ha-re,

A7   D   1.   2.

Ha-re Ra-ma Ha-re,   Ha-re Ra-ma Ha-re.   re.

Rama (und seine Partnerin/Shakti Sita) stehen für Treue, Zuverlässigkeit, Geborgenheit und Seriosität.

Krishna (und Radha) stehen für Lebensfreude und Leichtigkeit des Seins. Krishna soll daran erinnern, dass dieses Leben als ein Akt der Freude gedacht ist und uns geschenkt wurde, damit wir es feiern. Wir sollen unser Herz nicht an materielle Güter heften, sie aber mit Freude und Dankbarkeit genießen.

MEINEN TRÄUMEN BIN ICH TREU

1 D   h   e   A7

Mei-nen Träu-men bin ich treu,   las-se mich von ih-nen lei-ten.

D   h   e   A7

Denn sie wer-den ei-ne Hil-fe sein   auch in schwe-ren, schwe-ren Zei-ten.

2 D   h   e   A7

Ha-re Krish-na, Ha-re Ra-ma, Ha-re Krish-na, Ha-re Ra-ma, Krish-na, Ra-ma, Ha-ri OM

Sin-gen und Mu - sik   schenkt der Him-mel uns, öff-net un-ser Herz für die

Schön-heit des   Le-bens.   Dei dei dei dei dei,   dei dei dei dei dei,
                                  Radhe Radhe Rad-he Shyam, Sita Sita Si-ta Ram,

dei   dei   dei dei dei,   dei   dei   dei dei dei,   dei   dei   dei dei dei,
R   R   R   Sh   S   S   S   R   R   R   R   Sh

dei   dei   dei dei dei,   dei   dei   dei dei,   dei   dei   dei.
S   S   S   R   Ra - dhe Shy - am   Si - ta   Ram.

SARASVATI SARASVATI   **33**

Sa - ras - va - ti,   Sa - ras - va - ti   Na - mah OM, OM Na - mah

OM   Aim   Sa - ras - wa - ty - ai   OM   Na - mah

*Verehrung für Sarasvati: OM und Heil der weiblichen Kraft Sarasvati, die
kreative und akademische Bemühungen segnet und in Aim ihren Keim hat.
(Sarasvati ist die indische Göttin der Rede und Gelehrsamkeit
und die Gattin des Gottes Brahma)*

Kapitel 4   Blicke nach dem Westen

Gurus brachten das Mantra-Singen nach Amerika, wo es sich etablierte. Als einer der Begründer des Mantrasingens in der Westlichen Welt darf der indische Guru Yogananda gelten, dessen Berufung es war, sein Wirken von Indien nach Amerika auszudehnen und dort über das Wesen des Yoga und die östliche Spiritualität zu lehren.

So begann sich nach Jahrtausenden der Begrenztheit auf die Gebiete mit buddhistischen und hinduistischen Gläubigen die Praxis des Mantrasingens über die Religionsgrenzen hinweg auszubreiten.

Im Laufe des 20. Jahrhunderts begann ein Wandel im Denken und Leben von westlichen Menschen, entstand ein wachsendes Interesse, einen persönlichen Sinn im Leben zu finden.

Vernachlässigte oder vergessene Traditionen wurden als latent vorhandene Bedürfnisse erkannt: es gab u. a. eine Rückbesinnung auf die matriarchalischen Wurzeln der eigenen Traditionen.

Deshalb muss korrekterweise gesagt werden, dass es sich im Westen um eine Wiederbegründung des Mantrasingens handelt, denn man wurde sich inzwischen wieder bewusst, dass Mantras eine lange jüdische und christliche Tradition besitzen.

Ein Teil dieser neu entstandenen Mantras sind hinduistisch beeinflusste Lieder, bei denen oftmals englische Textteile mit Sanskrit-Texten kombiniert werden, die dann zu einer an westlichen Rhythmen orientierten Melodie gesungen werden.

Viele dieser Lieder wurden auf Rainbow-Treffen, die als spirituell ausgerichtete Alternative nach dem Flower Power-Festival von Woodstock entstanden waren und in Amerika und seit vielen Jahren auch in Europa, Israel, Indien und Australien organisiert werden, gesungen und auf diesem Weg verbreitet.

Neben hinduistischen spirituellen Liedern waren es indianische Chants, die durch ihre Frische und Rhythmus auffielen und dem rituellen Denken der indigenen Völker entstammten, welches wie die hinduistischen spirituellen Weisheiten schon seit vielen Jahrhunderten praktiziert worden waren. (Kap.5)

 Einige wurden für den nicht-indianischen Gaumen singbarer gestaltet, ohne die Freude und Lebendigkeit zu beeinträchtigen.

Auch aus Südamerika gelangten mantrische Anregungen nach Europa, so z.B. die positive Kraft der Pachamama-Energie. (Kap.10)

WE ALL COME FROM THE GODDESS

We all come from the God- dess and to her we shall re-turn like a

drop of wa - ter flow-ing to the o - cean.

Rainbow-Lied

WE ARE OPENING UP

We are o-pen-ing up in sweet sur-ren-der to the lu-mi-nous love-light

of the one. We are o-pen-ing, we are o - pen - ing.

Rainbow-Lied

OM MANI PADME HUM

OM Ma-ni Pad-me Hum OM Ma-ni OM Ma-ni Pad-me Hum Hum There is a

je-wel lo-tus flo-wer un-fol-ding deep with-in my soul. To be a

je - wel lo - tus flo-wer un - fol-ding is the high-est goal.

Juwel im Lotos = Gott ist in meinem Herzen.
Tief in unserer Seele befindet sich eine Lotoslume.
Unser höchstes Ziel ist es, sie zum Erblühen zu bringen.

Rainbow-Lied

KUMBAYA, MY LORD

37

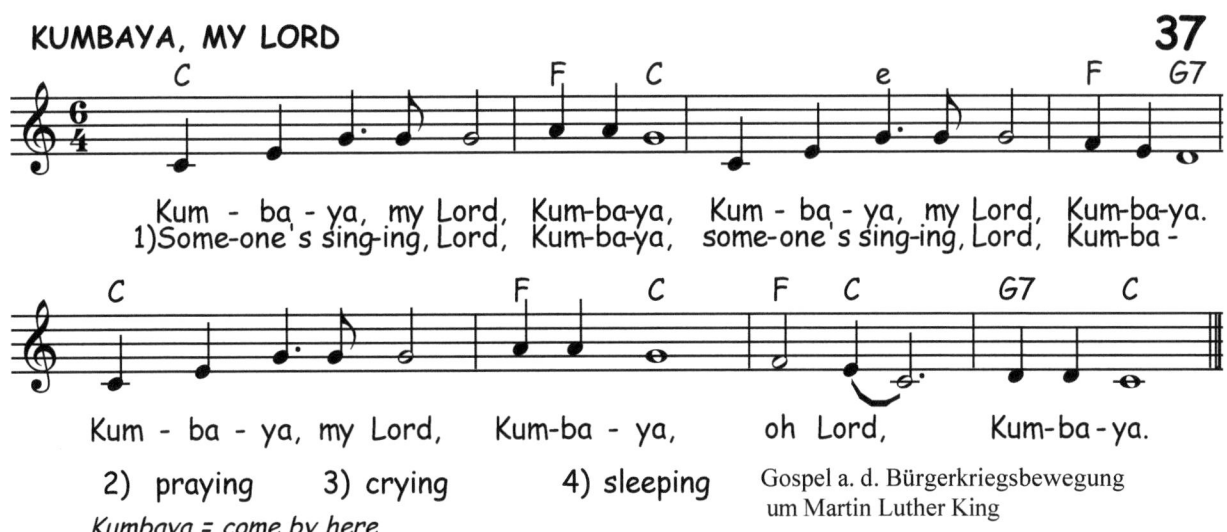

Kum - ba - ya, my Lord, Kum-ba-ya, Kum - ba - ya, my Lord, Kum-ba-ya.
1)Some-one's sing-ing, Lord, Kum-ba-ya, some-one's sing-ing, Lord, Kum-ba -

Kum - ba - ya, my Lord, Kum-ba - ya, oh Lord, Kum-ba-ya.

2) praying   3) crying   4) sleeping

Gospel a. d. Bürgerkriegsbewegung
um Martin Luther King

Kumbaya = come by here
Gott ist Teil des Lebens, ob wir beten, singen oder schlafen

I SURRENDER TO LOVE

Kapo 2   **38**

I sur - ren - der, I sur - ren-der to love, I sur - ren - der, I sur - ren-der to love,

I sur - ren - der, I sur-ren-der to love. OM Na-mah

Shi-va - ya Na-mah Shi-va - ya Na-mah Shi-va-ya Na-mah OM

Rainbow-Lied

WE ARE THE POWER IN EV'RYONE

39

We are the po-wer in ev'-ry - one, we are the dance of the moon and the

sun. We are the hope that will ne-ver hide. We are the turn-ing of the tide.

Rainbow-Lied

I'VE BEEN TRAV'LING A DAY

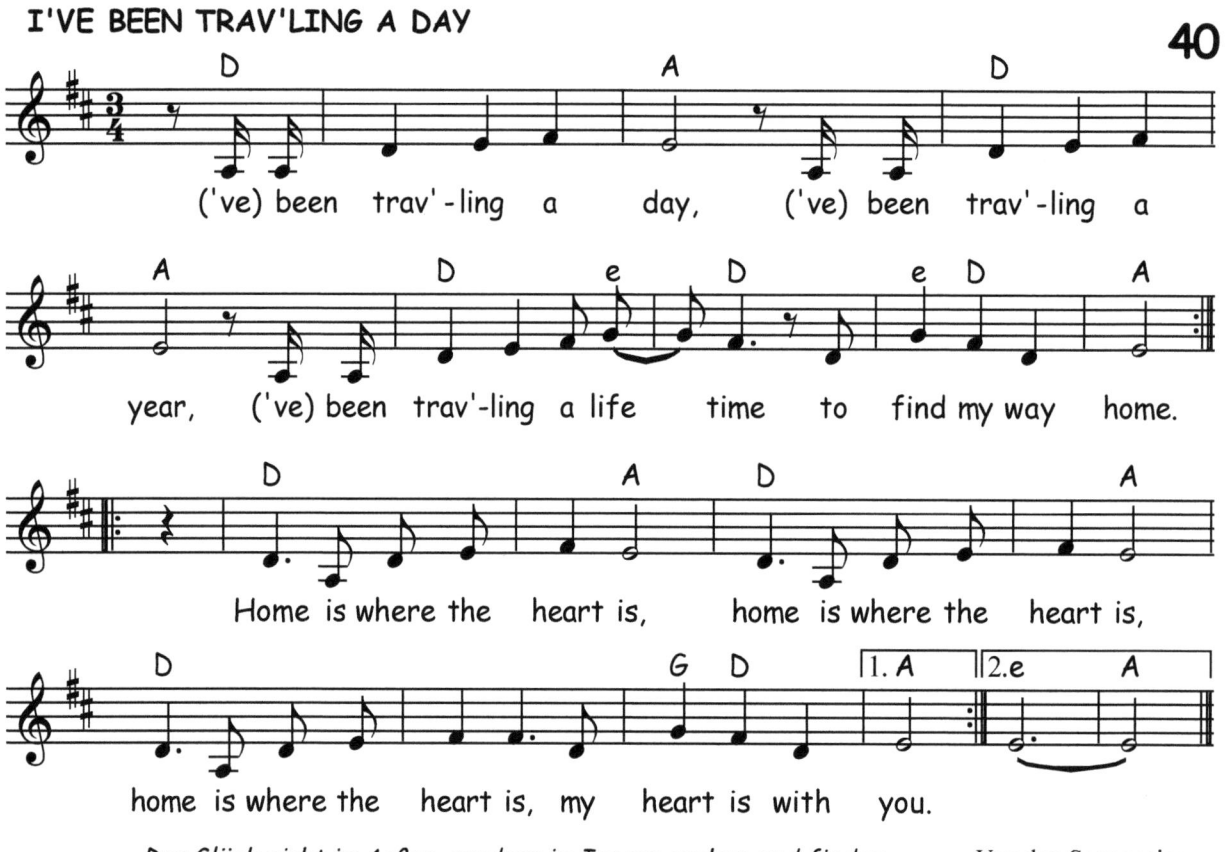

('ve) been trav'-ling a day, ('ve) been trav'-ling a year, ('ve) been trav'-ling a life time to find my way home.

Home is where the heart is, home is where the heart is, home is where the heart is, my heart is with you.

Das Glück nicht im Außen, sondern im Innern suchen und finden   Von den Sannyasins

WHO YOU ARE IS YOUR GIFT FROM GOD

Who you are is your gift from God, who you be-come is your gift to God.

Ha - re Krish-na Ha - re Krish-na,   Krish-na Krish-na Ha - re Ha-re,
Ha - re Ra - ma Ha - re Ra - ma,   Ra - ma Ra - ma Ha - re Ha-re.

Rainbow-Lied

Wer du bist, ist ein Geschenk von Gott:
Zu wem du dich entwickelst ist dein Geschenk an Gott.

Kapitel 5 Indianische Chants

> Indianer faszinieren uns wie kaum ein anderes Volk. Sie sagen etwas über unsere eigenen Wurzeln aus. Ihre Überlieferungen sprechen die ältesten Schichten der europäischen Volksseele an und rufen eine tiefe Resonanz in ihnen hervor.
> (Wolf-Dieter Storl)

Von Amerika gelangte das Mantra-Singen nach Europa. Neben hinduistischen spirituellen Liedern waren es indianische Chants, die durch ihre Frische und ihren Rhythmus auffielen und dem rituellen Denken der indigenen Völker entstammten, welches wie die hinduistischen spirituellen Weisheiten schon seit vielen Jahrhunderten praktiziert worden waren.

Man sah mit Staunen, dass die indianische traditionelle Weisheit um die Kraft und Bedeutsamkeit der Geister aus „unterschiedlichen Welten" ebenso wusste wie um die ganz simplen, alltäglichen Dinge. Indianer kannten die Kräfte, die das eigene Leben bestimmen, und wie man mit ihnen in Harmonie gelangen konnte.

Für Indianer sind alle Dinge lebendig und heilig. Sie fühlen sich als Teil der Natur. Im mystischen Geist war die Natur bei ihnen kein Gegenüber, sondern ein Universum voller „Verwandter": Mutter Erde, Vater Sonne, Großmutter Mond; Pflanzen, Tiere oder Flüsse hatten ihren eigenen „spirit", den es zu ehren galt. Die Menschen lernten, alle Dinge um ihrer eigenen, natürlichen Schönheit und Heiligkeit zu achten.

Seit New Age sammelt man verstärkt indianische Lieder und entdeckt dabei solche, welche mit Mantras vergleichbar sind. Sie werden „Chants" genannt und von der Urbevölkerung zum einen zur Heilung und zum anderen zum Bewältigen von Alltagsproblemen eingesetzt.

Es muss angemerkt werden, dass die heutzutage gesungenen Versionen der indianischen Chants (Heillieder) und anderen Lieder – sowohl melodisch als auch rhythmisch - dem europäischen Hörverständnis angepasst sind. Auch wenn sie durch diese Änderungen etwas von ihrer Kraft verloren haben, besitzen sie weiterhin eine starke Wirkung. *Wakan Tanka , wie das Universelle Wesen der gesamten Schöpfung und Weisheit* bei einigen Stämmen heißt, lässt sich nicht unterdrücken; er ist ewig und unendlich.

WEARING MY LONG WING FEATHERS

42

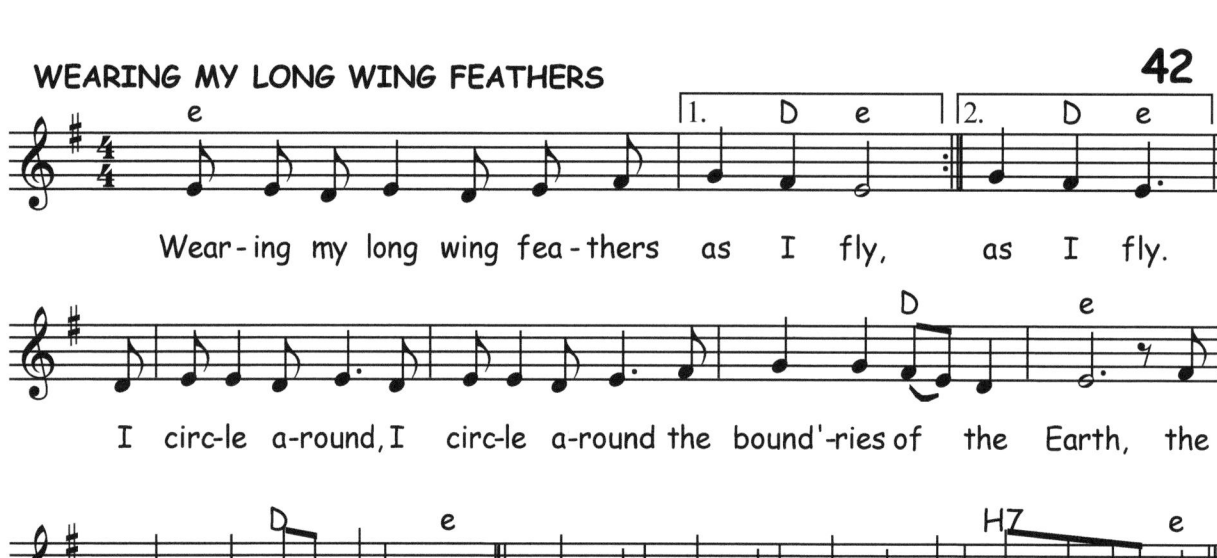

Wear-ing my long wing fea-thers as I fly, as I fly.

I circ-le a-round, I circ-le a-round the bound'-ries of the Earth, the

boun'-ries of the Earth. High-er, high-er, high-er and high- er.

Mit den langen Federn meiner Adler-Schwingen überwinde ich alle Grenzen,
fliege so hoch, dass ich alles überblicken kann. In die Adlerenergie schlüpfen

WISHI TA TUJA

43

Wi-shi ta tu-ja tu-ja tu- ja. Wi-shi ta tu-ja tu-ja hey.

Wa-sha de na-ja he-ya he- ya. Wa-sha de na-ja he-ya hey.

Indianisches Lied zur Wertschätzung des Wassers, des Fließens, des Flusses.
So wie der Fluss fließt, mal schnell bewegt und stürmisch,
mal auf der Stelle wirbelnd, so ist auch das Leben.
Es erinnert daran, die Energien von Expansion und Einkehr in uns in Einklang zu bringen.

EVENING RISE, SPIRIT COME

44

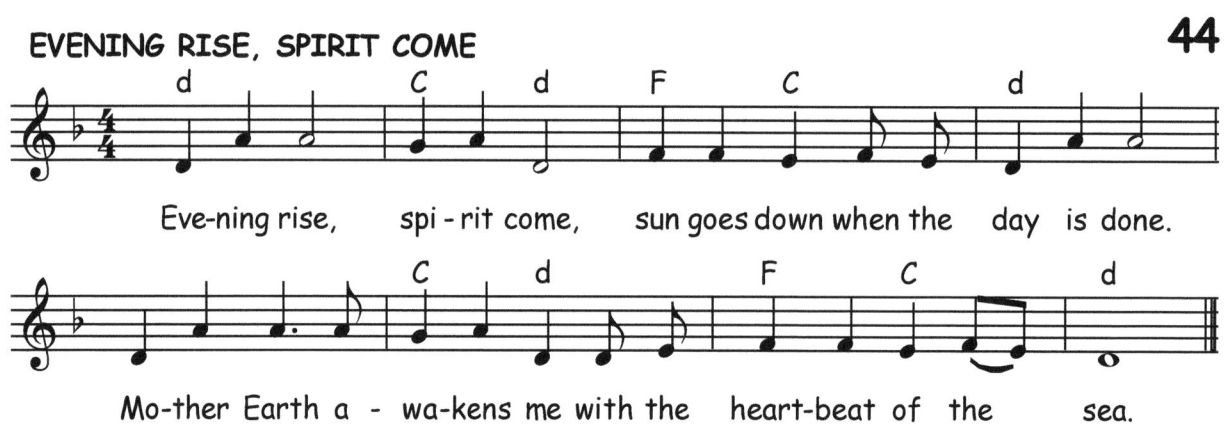

Eve-ning rise, spi-rit come, sun goes down when the day is done.

Mo-ther Earth a - wa-kens me with the heart-beat of the sea.

Indianisch

FLY LIKE AN EAGLE

45

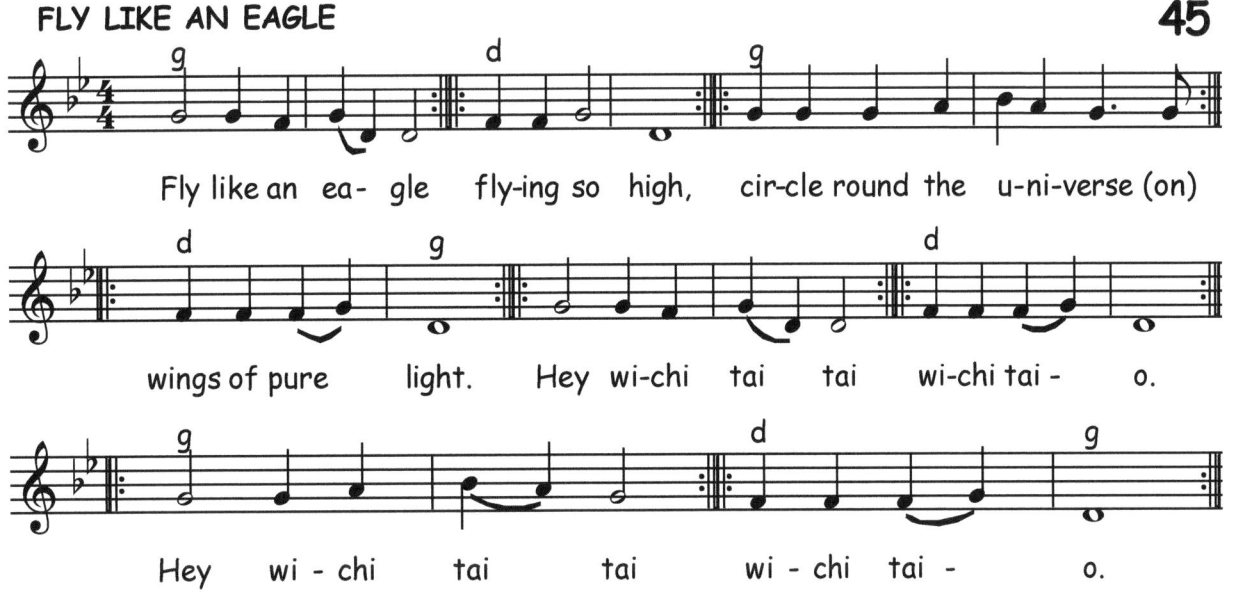

Fly like an ea-gle fly-ing so high, cir-cle round the u-ni-verse (on)

wings of pure light. Hey wi-chi tai tai wi-chi tai - o.

Hey wi - chi tai tai wi - chi tai - o.

Indianisches Lied:
Ich danke dem Adler, der so hoch fliegen und damit alles überblicken kann.
Du bist die Feuerfrau, bist der Wind, Tochter der Erde.

GOATE LENO LENO MAHOTE

Kapo 2   **46**

Go-a-te Le-no Le-no Ma-ho-te Hay ya no Hay ya no Hay ya no

We are one with the in-fi-nite sun. For - e-ver, for-e-ver, for - e - ver.

Indianisch

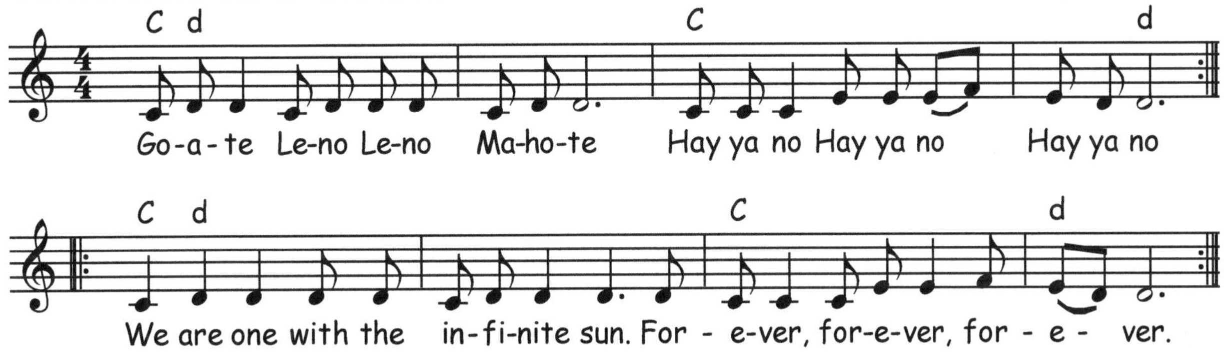

Wir sind für immer eins mit der unendlichen Sonne
(und sind damit Teil des Universums).

HEY JANGA HO JANGA

47

Hey jan-ga ho jan-ga he jang jang. Hey jan-ga ho jan-ga

hey jang jang. The earth is our mo- ther, we must take care of her. The

earth is our mo - ther, we must take care of her.

Indianisches Rainbow-Lied

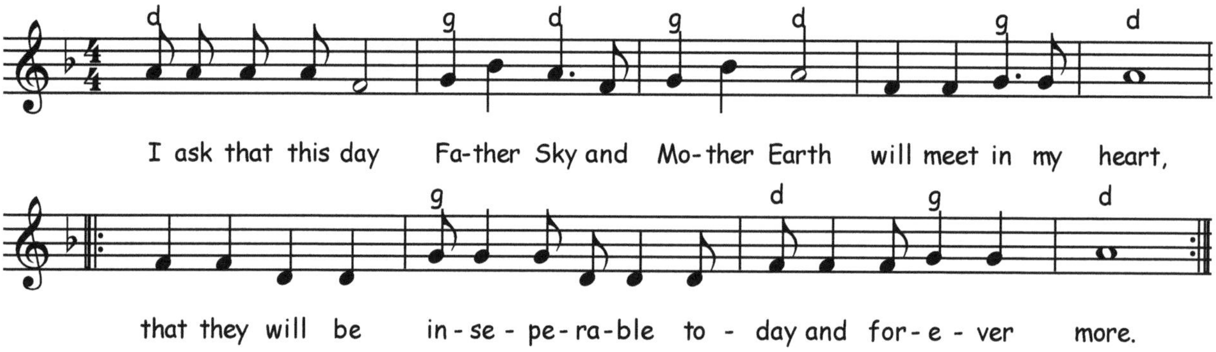

I ASK THAT THIS DAY FATHER SKY

48

d g d g d g d
I ask that this day Fa-ther Sky and Mo-ther Earth will meet in my heart,
g d g d
that they will be in-se-pe-ra-ble to-day and for-e-ver more.

Ich bitte auch heute darum, dass Himmel und Erde sich in meinem Herzen begegnen. Und dass sie unzertrennlich sind für alle Zeiten.

Gebet der Hopis

WHEN I DANCE

49

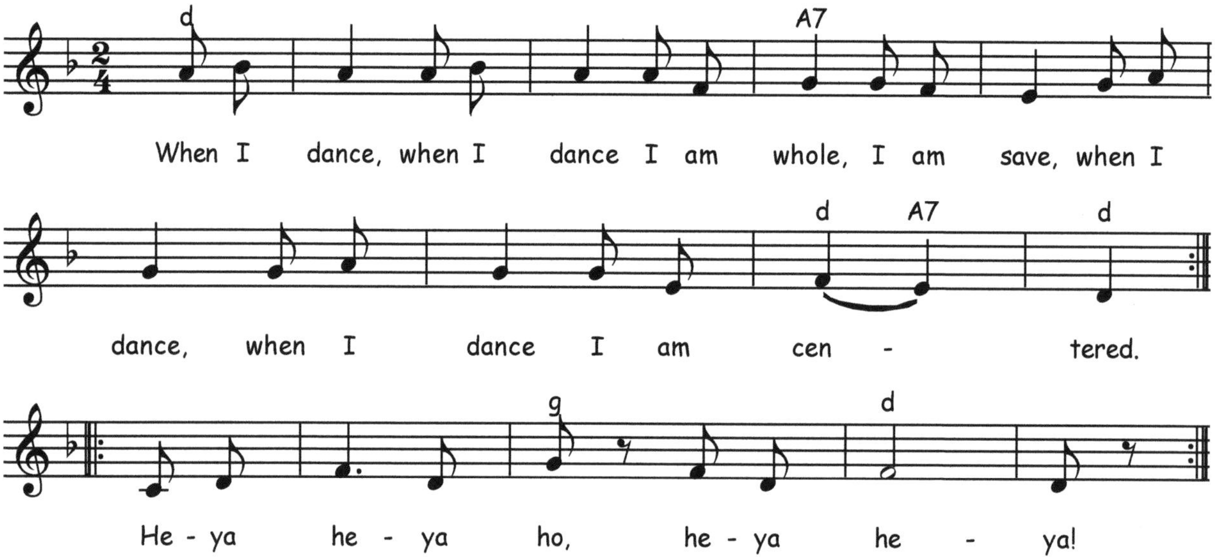

d A7
When I dance, when I dance I am whole, I am save, when I
d A7 d
dance, when I dance I am cen - tered.
g d
He - ya he - ya ho, he - ya he - ya!

Wenn ich tanze , dann bin ich ganz, dann bin ich geborgen. Wenn ich tanze, dann finde ich meine Mitte.

T: Nora Naranjo-Morse

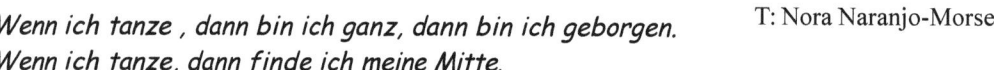

WO ICH AUCH GEHE, STRAHLET SCHÖNHEIT

50

D G D G A7 D
Wo ich auch ge-he, strah-let Schön-heit, Ord-nung und Har-mo - nie.
D G D G A7 D
Wo-hin ich schau-e, strah-let Schön-heit, Ord-nung und Har-mo - nie.

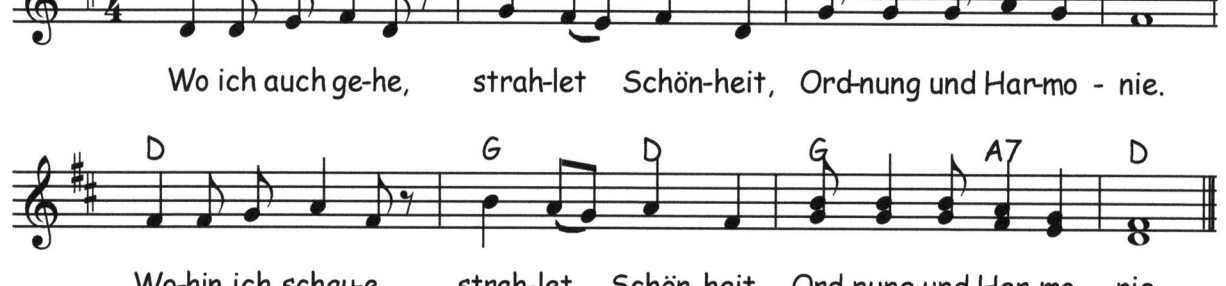

TA: Navajo-Indianer

MOTHER I FEEL YOU

51

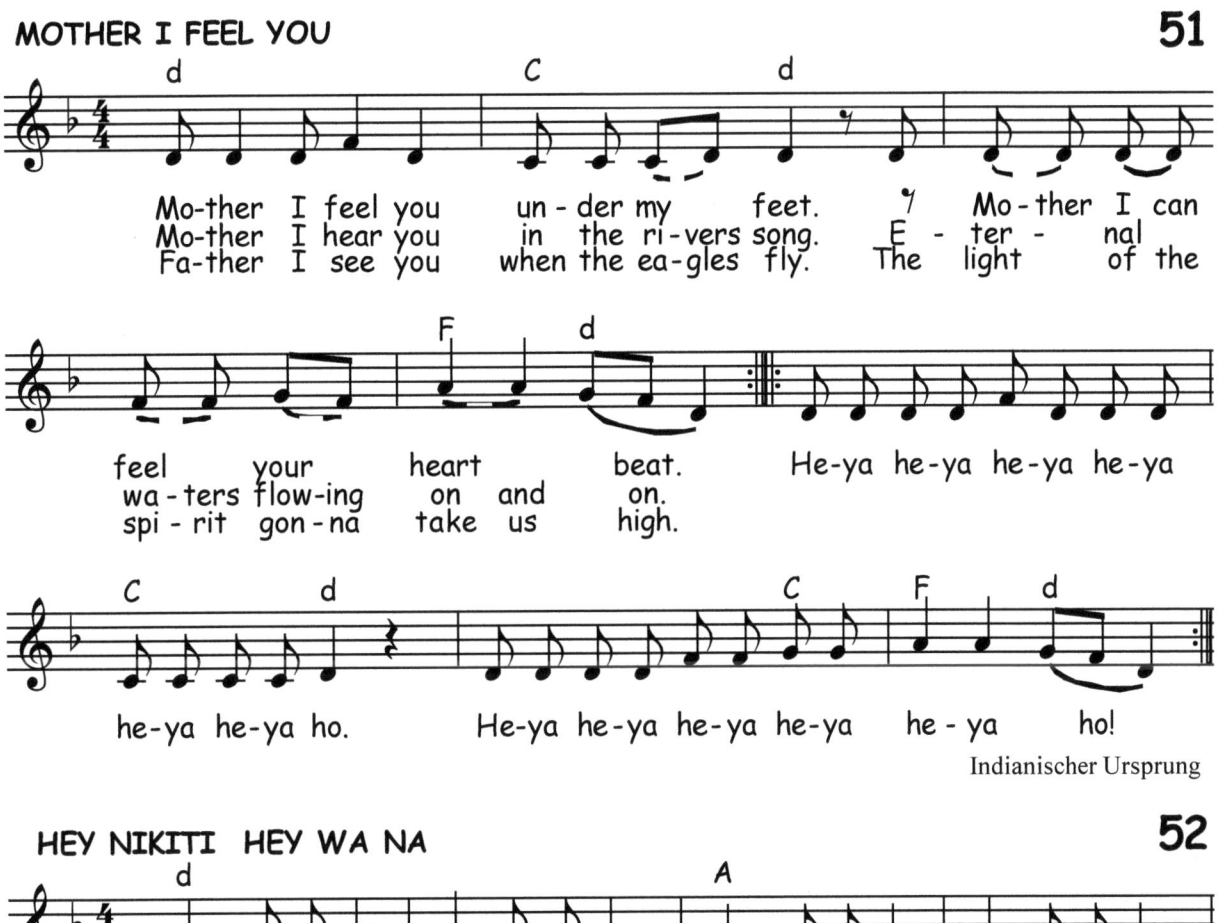

Mo-ther I feel you un - der my feet. Mo-ther I can
Mo-ther I hear you in the ri-vers song. E - ter - nal
Fa-ther I see you when the ea-gles fly. The light of the

feel your heart beat. He-ya he-ya he-ya he-ya
wa - ters flow-ing on and on.
spi - rit gon-na take us high.

he-ya he-ya ho. He-ya he-ya he-ya he-ya he - ya ho!

Indianischer Ursprung

HEY NIKITI HEY WA NA

52

Hey Ni-ki-ti Hey Wa Na, Hey Ni-ki-ti Hey Wa Na

A - sey Wa Na Hey Wa Na, A - sey Wa Na Hey Wa Na.

Spirituelle Indianer sehen Gott überall in der Natur.
Alles ist heilig: Pflanzen, Tiere, Berge, Seen, Gesellschaftsspiele etc.

Kapitel 6   Blicke nach Norden

Die Rückbesinnung auf westliche Traditionen, d.h. auf unser germanisches und keltisches Erbe, ist seit den 1960er Jahren wieder in den Fokus gerückt.

Europäer haben neben keltischen auch germanische Wurzeln, wie die keltischen Jahreskreisfeste bzw. vorchristlichen Mythen und Legenden um Wotan bzw. Odin, dem Gott der Ekstase und Erkenntnissuche, zeigen.

Die Völker des germanisch-nordischen Kulturkreises verehrten von frühester Zeit an in den Frauen alles Schöne und Gute. *So treten auch viele ihrer Göttinnen im Grunde als Personifikationen einzelner Tugenden auf, bzw. darf man sie sich aus sittlichen Begriffen entstanden denken, z.B. Holda, die Holde oder Freyja, die Schöne oder Frohe. (Vera Zingsem)*

Die Worte „Frau" oder „Göttin" konnten demnach synonym verwendet werden. Die eine wird jeweils durch die andere erklärt. *Dass diese Auffassung vom Wesen der Frau der christlichen diametral entgegenstand, muss hier nicht weiter erläutert werden (meint V. Zingsem)*

Durch den Missgriff im Dritten Reich war uns dieses Erbe jedoch lange Zeit suspekt.

Es ist nachvollziehbar, dass das Fehlen einer lebenden europäischen (schamanisch ausgerichteten Tradition) uns so begierig auf die indianische Philosophie stürzen ließ.

In mir verstärkte diese Rückbesinnung den Impuls, entsprechende Mantren in germanischer und keltischer Tradition zu komponieren.

ICH SCHAUE AUF ODIN

Ich schau-e auf O-din, ich schau-e auf O-din. Er such-te die

Weis-heit und such-te die Ek-sta - se. Und das ist sei-ne Bot-schaft:

Er - ken - ne dich selbst, sei ver - söh-nend und ge-recht und

T; Thorsten Nagel

lie - be, lie - be, lie - be!

BALDER, DER STRAHLENDE

Bal - der, der Strah-len - de! Bal - der, der Glück - li - che!

Bal - der, der Ge-rech - te! Bal - der, die Licht-ge - stalt! Be -

ginn des neu - en E - den, Be - ginn des neu - en E - den.

T: Thorsten Nagel

TYR, DU VERSÖHNER

TYR, du Ver-söh-ner, wir ru-fen dich, stif-te Frie-den in un-se-rer Welt.

Aus-gleich, Ver-zei-hen, das brau-chen wir, um Freu-de und Lie-be zu

1. le - ben. 2. le - ben.

WIR FEIERN UNSER LEBEN

Wir fei-ern un-ser Le -ben: I - du-na, Fre-ya und Frigg

Ju - gend, Rei-fe, Weis - heit: I - du - na, Fre-ya und Frigg. Wir

fei-ern un-ser Le -ben, I - du-na, Fre-ya und Frigg: Ju-gend, Rei-fe, Weis-heit.

HOLDE MUTTER FRIGG

Hol-de Mut-ter Frigg, Hü-te-rin der E - he und der Mut-ter - schaft.

Hü-te-rin des Feu-ers, Schüt-ze-rin des Le-bens, ich ver-eh-re dich.

FREYA, FRIGG UND HEL 58

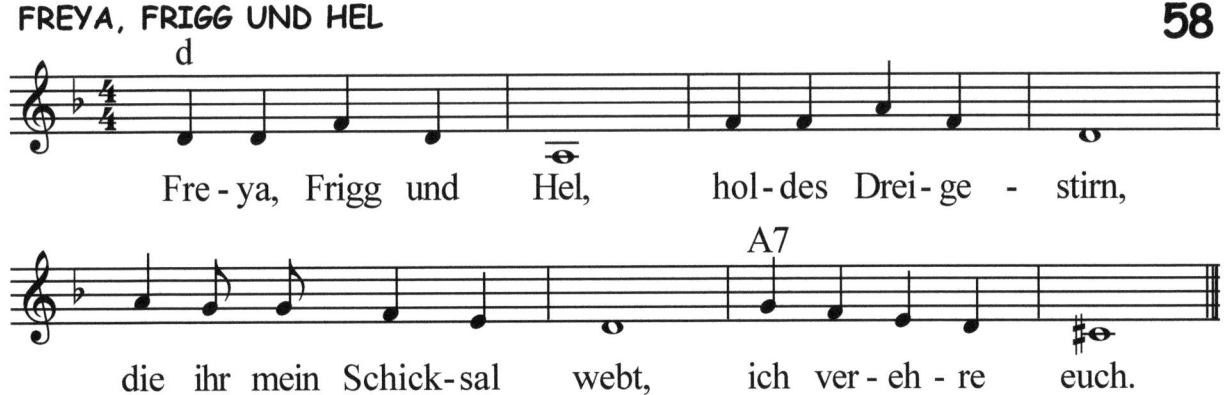

Fre - ya, Frigg und Hel, hol - des Drei - ge - stirn,
die ihr mein Schick-sal webt, ich ver - eh - re euch.

HOLDE, GLÄNZENDE HOLLE 59

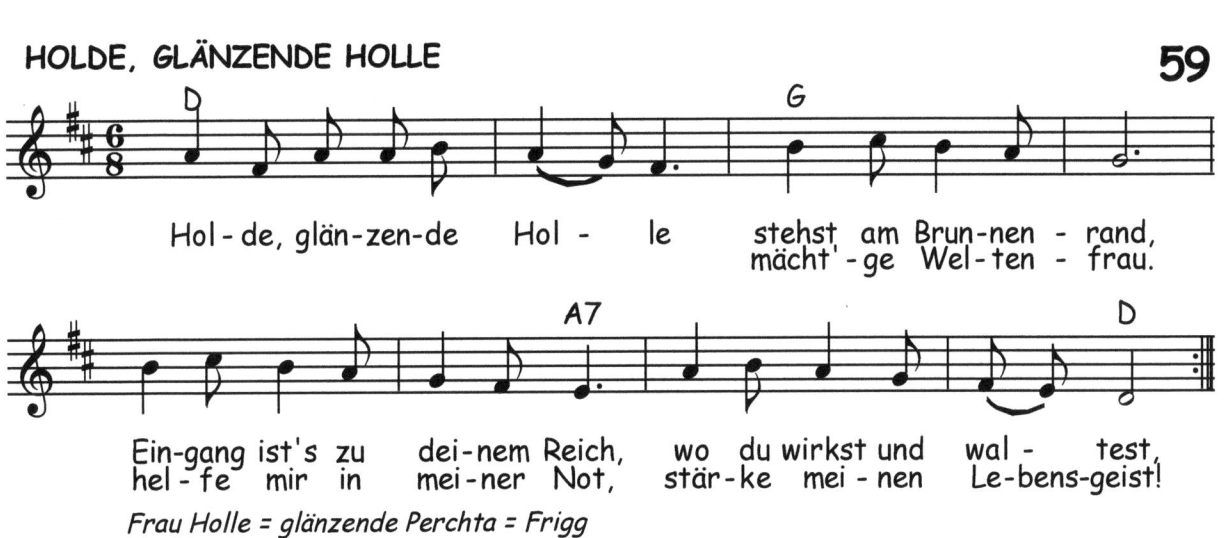

Hol - de, glän-zen-de Hol - le stehst am Brun-nen - rand,
mächt' - ge Wel - ten - frau.

Ein-gang ist's zu dei-nem Reich, wo du wirkst und wal - test,
hel - fe mir in mei-ner Not, stär-ke mei - nen Le-bens-geist!

Frau Holle = glänzende Perchta = Frigg

Kapitel 7   Blicke zu den Kelten - Jahreskreisfeste

> Kelten verwirklichten das Prinzip des Miteinanders, was Menschen, Tiere, Pflanzen und alle übrigen Lebensformen anging, war das Keltentum weltoffen und integrativ.   (Manfred Böckl)

Alles sollte gefeiert werden, wie sich die Zeit immer wieder in einem Tag-und-Nacht-Kreislauf und einem Jahreskreislauf erneuert oder die Übergänge in unserem Leben, von der Geburt bis zum Übergang in eine andere Dimension.

Wir haben Rituale, die den Kreislauf der Jahreszeiten feiern. Sie sind ein Weg, das menschliche Verständnis des Kosmos mit den Regeln des Universums zu verbinden und beides als ein großes Fest zu feiern.

Zu unserem keltischen Erbe gehören traditionell acht Feste, welche das keltische Jahr gliederten. Diese Jahreseinschnitte waren immer ein Grund zur Freude und wurden entsprechend gefeiert.

Die Feste, die gefeiert werden, sind nicht willkürlich verteilt. Sie entsprechen Ereignissen in der Natur und in unserer Seele, weil wir zu diesen Zeiten besonders empfindsam für die spirituellen Kräfte in der Natur sind.

Das moderne Druidentum erkennt acht besondere Zeiten während des Jahreslaufs als speziell bedeutsam an und feiert sie. Vier gehen dabei auf astronomische Ereignisse zurück und beziehen sich direkt auf die Stellung der Sonne am Himmel. Dies sind die Tag- und Nachtgleichen am 21.3. bzw. 23.9. und die Sonnenwenden am 21.6. und 21.12.

Die anderen vier beziehen sich auf das Leben der Erde und die Phasen des Mondes. Dies sind Imbolc um den 1.2. herum; Beltane am 1,5,; Lugnasad am 1.8. und Samhain am 1.11.

Die großen Jahreszeitenfeste erinnern uns daran, dass wir einen Sinn in unserem Leben haben und es unsere Aufgabe ist, seelisch zu wachsen. Und dass wir sie auch heute immer noch gerne feiern, zeigt, dass die Aufgabe zu wachsen keine Last, sondern Freude ist.

Dazu meint Valentin Kirschgruber in „Die Magie des Waldes", dass es in unserer Zeit vielleicht besonders wichtig ist, die alten Feste und die Bräuche zu bewahren. Je enger die Welt zusammenwächst, desto schwieriger ist es oft, die Orientierung, wo man selbst steht, nicht zu verlieren und sich seiner Wurzeln bewusst zu sein.

Die frühesten Zeugnisse, die uns von den Kelten erhalten geblieben sind, deuten auf die Verehrung einer schöpferischen Muttergöttin hin, aus der einst alles Leben entstand. Diese große Göttin war ein Sinnbild für den Kreislauf des Lebens, da sie die Gegensätze von Leben und Tod in sich vereinte. In ihrer dreifachen Gestalt als Jungfrau, Mutter und Greisin symbolisierte **Ceridwen** die immerwährende Abfolge von Geburt, Reife, Tod und Wiedergeburt.

Brigid (andere Schreibformen: Bridget, Brighde oder Brigantia) wird als Quellgöttin und infolgedessen als weiße, jugendliche Erscheinungsform von Ceridwen definiert, weil sie oft mit heiligen Quellen in Verbindung gebracht wird.

An Imbolc Anfang Februar wurde Brigid verehrt. Man kann diese Energie nicht nur bei Frühlingsriten, sondern darüber hinaus bei allen Sonnen- und Feuerritualen um Heilung und Inspiration bitten.

Ceridwen trägt als schwarze Erscheinungsform mehrere spezielle Namen: Morgana, Morrigan, Morrigain, was mit Feenkönigin übersetzt werden kann.

Morgain unterstützt die Menschen, welche einen schwierigen Lebensweg haben, und sie hilft dabei, den Winter und emotional dunkle Seiten zu akzeptieren.

Nach der Frühjahrs-Tagesundnachtgleiche wurde Anfang Mai das Feuerfest Beltain bzw. Beltane und damit die Fruchtbarkeit der Erde gefeiert. Dazu werden die reinigenden Beltane-Feuer entzündet. Man tanzt im Freien und feiert den Vollfrühling. Es entspricht in etwa der deutschen Walpurgisnacht, einem Feiertag, an welchem die Macht und Heiligkeit der Sexualität gefeiert wird.

Samhain (gesprochen: „ssau-in"), das zwischen dem 31. Oktober und dem 2. November begangen wird, war eine Zeit der Nicht-Zeit, in welcher die Ordnung und feste Strukturen aufgegeben wurden. So wurde Kontakt zu den Verstorbenen aufgenommen, weil diese als Quelle der Führung und Inspiration angesehen wurden. Die Toten wurden geehrt, nicht als Tote sondern als lebendige Geister und als Hüter der ursprünglichen Weisheit. Samhain ist somit die Zeit der weisen Vorfahren, die sowohl zurück als auch in die Zukunft blicken.

Als Nächstes im Jahreslauf kommt die Wintersonnenwende, das Yul-Fest. Sie ist die Zeit des Todes und der Wiedergeburt. Indem wir unsere Lebensreise mit dem Jahreslauf verbinden, können wir das, was das Erscheinen des Lichts behindert, ablegen. Die Wintersonnenwende stellt eine Zeit dar, in der wir uns für die Kräfte der Inspiration und der Empfänglichkeit öffnen.

Diese unvollständige Auswahl soll als Anreger dienen. Mit meinen Liedern wünsche ich, dass die Jahreszeitenfeste nicht in Vergessenheit geraten, und dass die Planeten die ihnen zustehende Würdigung erfahren.

Schäme dich niemals. Nimm, was das Leben dir bietet, und versuche aus den Gläsern zu trinken, die vor dir stehen. Alle Weine sollen getrunken werden - von einigen nur ein Schluck. Von anderen die ganze Flasche.
(Paulo Coelho)

GÖTTIN, WIR TANZEN DIR ZU EHREN

Göt-tin, wir tan-zen Dir zu Eh-ren, Göt-tin, wir tan-zen Dir zum Ruhm.

Mö-ge un-ser Tanz uns flie-gen las-sen, mö-ge un-ser Tanz uns

TA: Paulo Coelho

füh-ren in die Höh'n. Höh'n.

TANZEN WIR, FEIERN WIR

Tan-zen wir, fei-ern wir, Le-bens-feu-er ist ent facht. Tan-zen
(die Na - tur ist voll er - wacht.)

wir, fei-ern wir, Kör-per - feu-er drängt mit Macht.
Göt-tin DICH in die - ser

Nacht.

Gro - ße Göt-tin, tanz' durch mich. Gro - ße

Göt-tin, lieb' durch mich. mich.

GROSSE GÖTTLICHE MUTTER DU

62

Gro - ße Gött - li - che Mut - ter Du, Nym - phen am Quell und
Feen im Wald, ver - bin - den uns mit der Na - tur. Wir
lie - ben Dich und Du liebst uns.

O GROSSE GÖTTIN, DIE ICH VEREHRE

63

O Gro - ße Göt - tin, die ich ver - eh - re:
Ich bit - te Dich: um Schutz und Si - cher - heit.
Gib mir Le - ben - dig - keit!

Lass mich flie-gen, lass mich schwe-ben! Ich will frei sein,

M: Aida

ich will le - ben!

GROSSE GÖTTIN, ICH WILL TANZEN

64

Gro-ße Göt-tin, ich will tan-zen, will dich lie-ben, will dich eh-ren.

Gro-ße Göt-tin, ich will tan-zen, will dich lie-ben, glück lich sein. glück-lich sein.

M: Donizetti

FEIERN WIR BELTAIN

65

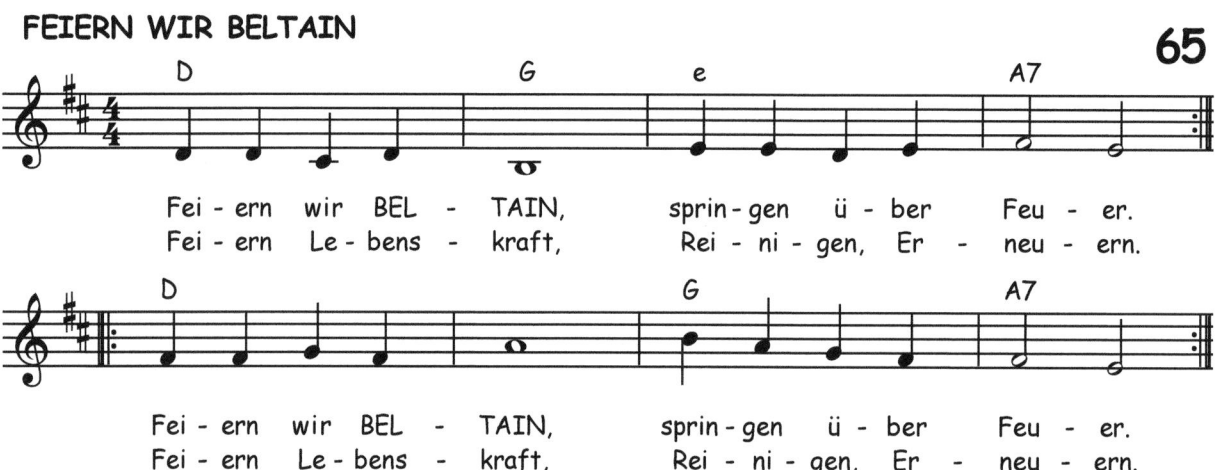

Fei - ern wir BEL - TAIN, sprin - gen ü - ber Feu - er.
Fei - ern Le - bens - kraft, Rei - ni - gen, Er - neu - ern.

Fei - ern wir BEL - TAIN, sprin - gen ü - ber Feu - er.
Fei - ern Le - bens - kraft, Rei - ni - gen, Er - neu - ern.

FEIERN WIR BRIGID

66

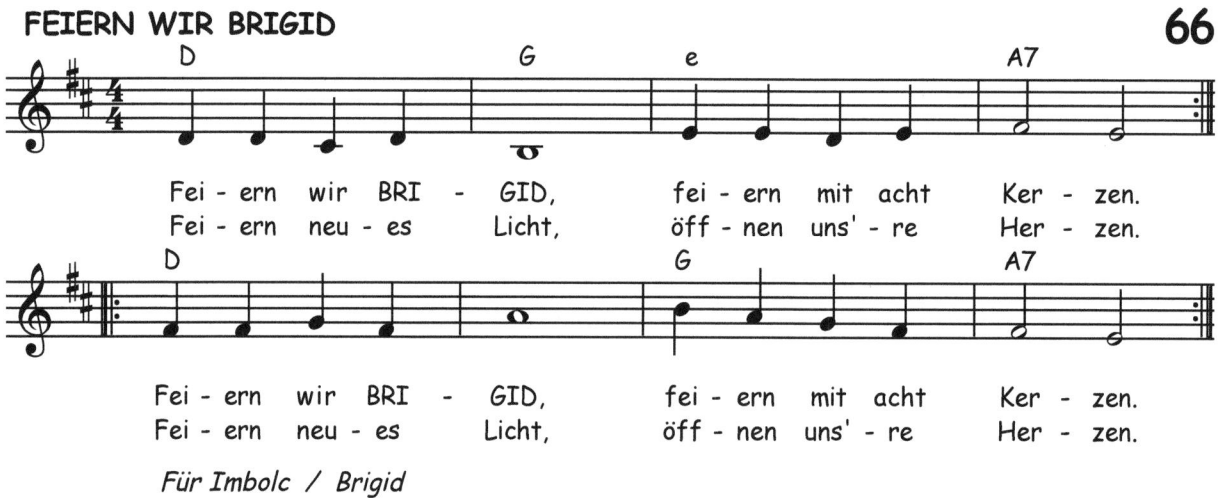

Fei - ern wir BRI - GID, fei - ern mit acht Ker - zen.
Fei - ern neu - es Licht, öff - nen uns' - re Her - zen.

Fei - ern wir BRI - GID, fei - ern mit acht Ker - zen.
Fei - ern neu - es Licht, öff - nen uns' - re Her - zen.

Für Imbolc / Brigid

SCHWARZER VOGEL FLIEGT HERVOR 67

Schwar - zer Vo - gel fliegt her - vor aus den Fe - en - hü - geln,

kennt das En - de, sieht das Tor, wei - se Göt - tin Mor - ri - gan.

Für Ceridwen (schwarzer Aspekt)

ALTE BÄUME, ZEITLOSE WEGE 68

Al - te Bäu - me, zeit - lo - se We - ge, Gro - ße Mut - ter hü - tet sie.

Heil'-ger Stein-kreis, Dir zu Eh - ren, Gro - ße Mut - ter Ce - rid-wen.

Schreitlied für Ceridwen

WIR RUFEN DICH, MORGANE 69

Wir ru - fen Dich, Mor - gane, Mor - gane! Gib uns Ge -
Be schüt - ze uns, Mor - gane, Mor - gane!

sund - heit und ein ho - hes Ziel! Quel - le des Le - bens, Mor -
Ge - fäß des To - des, Mor -

gane, Mor - gane, Du kennst das Schick-sal, sei die gu - te Fee!
gane, Mor - gane!

AHNEN DER WEISHEIT

Ah-nen der Weis-heit, wir ru-fen euch. Singt eu-re Lie-der,

lehrt uns den Weg, singt eu-re Lie-der, lehrt uns den Weg.

A - hu - a A - hu - a A - hu - a a - hu a - hu a - hu

TA: Carlo Zumstein

ZU SAMHAIN SCHICKE MIR MEINE WEISEN AHNEN

Zu SAM-HAIN schi-cke mir mei-ne wei-sen Ah-nen.

Zu SAM- HAIN schi-cke mir mei-ne wei-sen Ah-nen.

Und aus der An-der-welt hö-re ich ihr Mah-nen.

Und aus der An-der-welt hö-re ich ihr Mah-nen.

SOMMERGEISTER **Kapo 2** **72**

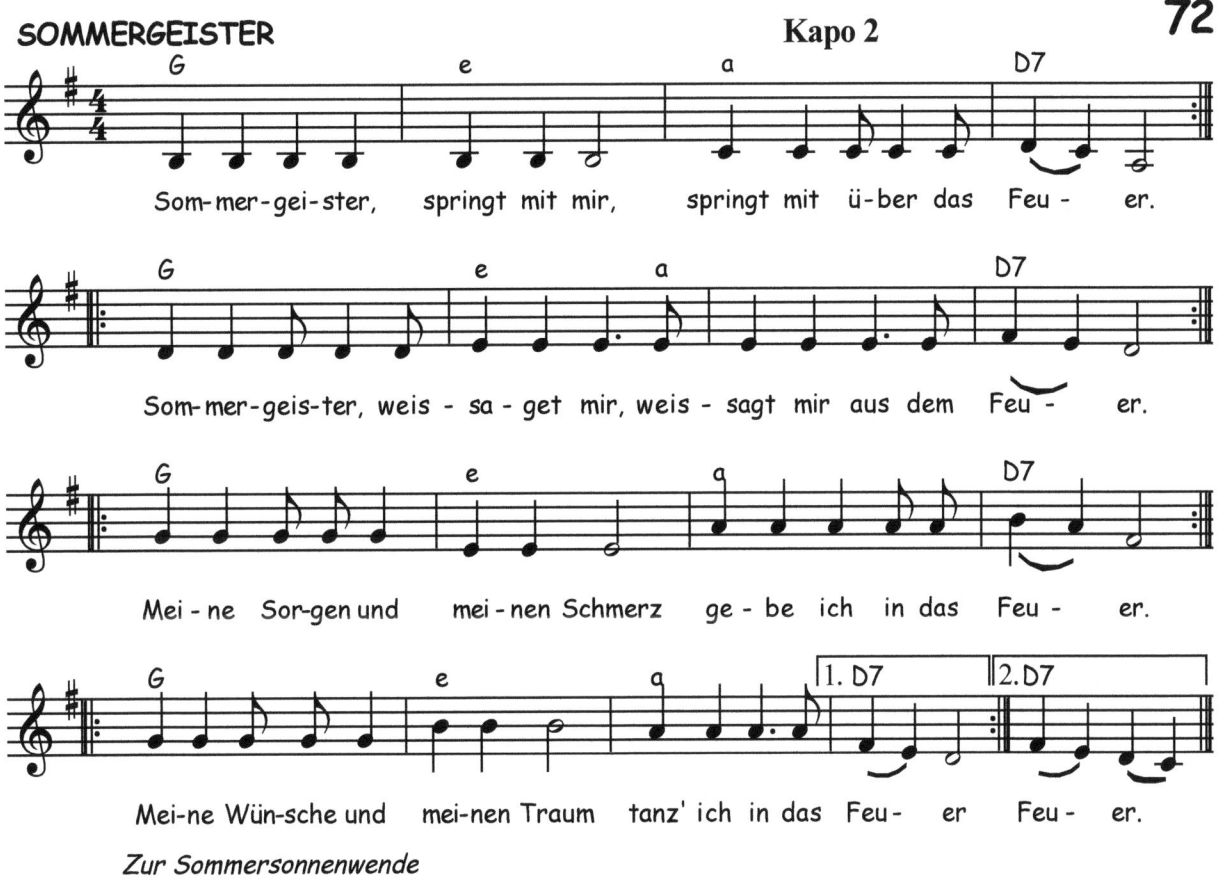

Som-mer-gei-ster, springt mit mir, springt mit ü-ber das Feu - er.

Som-mer-geis-ter, weis - sa - get mir, weis - sagt mir aus dem Feu - er.

Mei - ne Sor-gen und mei-nen Schmerz ge - be ich in das Feu - er.

Mei-ne Wün-sche und mei-nen Traum tanz' ich in das Feu - er Feu - er.

Zur Sommersonnenwende

COME AND DANCE (JUL - LIED) **73**

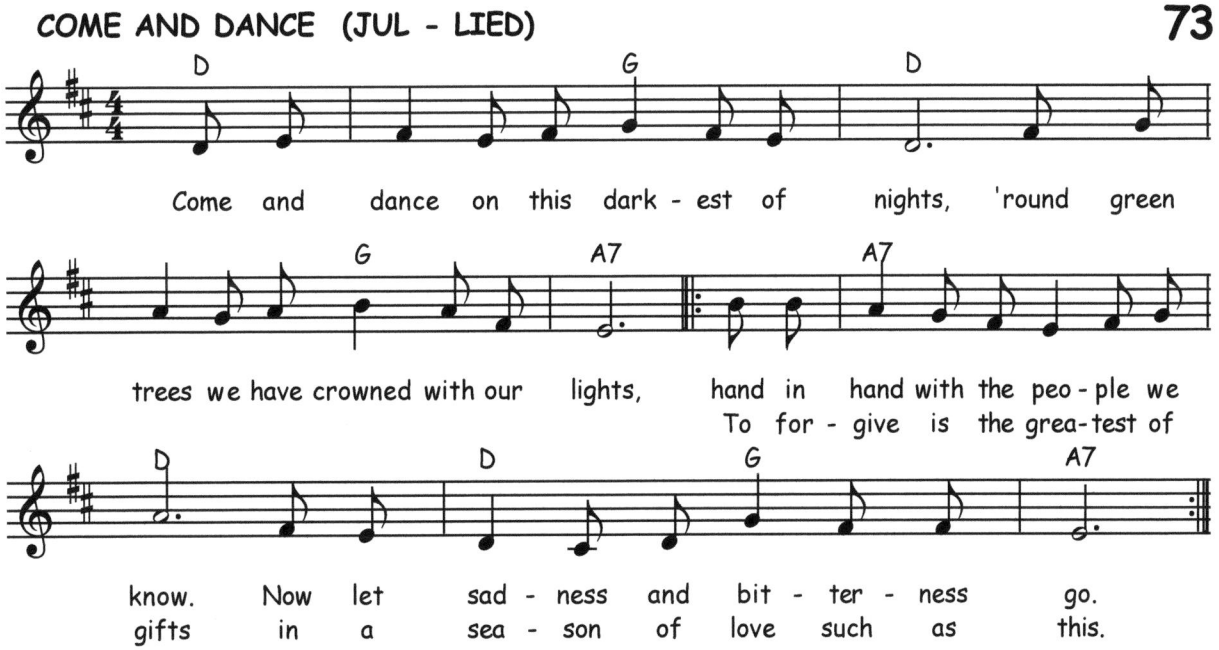

Come and dance on this dark - est of nights, 'round green

trees we have crowned with our lights, hand in hand with the peo - ple we
To for - give is the grea-test of

know. Now let sad - ness and bit - ter - ness go.
gifts in a sea - son of love such as this.

Kommt und tanzt in der dunkelsten Nacht um grüne Bäume im Lichterglanz. T: Autor unbekannt
Hand in Hand mit Menschen, die wir mögen. Lasst allen Kummer gehen.
Zu vergeben ist das Größte, was man tun kann in solch einer Zeit voller Liebe.

Heut in die-ser Nacht steigt das Licht her - ab und im Schoß der Nacht

wird es neu ge - bor'n. Heut in die-ser Nacht steigt das Licht her - ab

und im Schoß der Nacht wird es neu ge - bor'n.

Al - les, was be - drückt, le - gen wir heut ab, öff - nen so den

Zu - gang für das Son - nen - kind in uns.

M: Aus Bolivien

Kap8 Blicke nach Süden und Südosten

Meine Auswahl in diesem Kapitel beinhaltet Lieder aus Afrika, Israel, von den Sufis und aus der Südsee.

Afrikanische Mantras – die meisten stammen aus Südafrika und Westafrika – zeichnen sich einerseits durch Einfachheit und Ursprünglichkeit aus, andererseits stecken sie voller rhythmischer Freude.

Eine Ausnahme bilden die Isis-Mantras. *„Am Anfang war Isis, die älteste der Alten. Sie war die Göttin, aus der alles Werden wuchs.“* – Dieser ägyptische Text nennt einen Grund für die große Verehrung, welche Isis bei den Ägyptern genoss.

Die Ägypter nannten die Große Muttergöttin die „Göttin mit den tausend Namen“. Der Isis-Kult verbreitete sich durch schwarze Sklaven, die aus ägyptischen Diensten entlassen und in ihre Heimat zurückgekehrt waren, nach Zentral- und Westafrika (Bsp.: *Yemaya-Mantra).*

Aus Israel gibt es neben Mantras mit alttestamentarischen Texten auch viele Niguns bzw. Nigunin, das sind „Lieder ohne Worte“. Sie besingen das Göttliche mit wohlklingenden Silben an Stelle von Worten. Auch mit einer scheinbar sinnlosen Folge von Silben - gepaart mit tänzerischen Melodien - lässt sich die Freude über die Nähe zu Gott ausdrücken.

Immer wieder überraschend ist die Ausdrucksvielfalt bei jüdischen Liedern, die von tiefer Innerlichkeit bis zu ausgelassener Fröhlichkeit reicht. Oft kann man ein Lied innerhalb dieser beiden Pole variieren.

Auch bei den islamischen Mantras gibt es unterschiedliche Richtungen. Für dieses Buch wurden Lieder, die von den Sufis stammen, ausgewählt. Für Sufis, bekannt u.a. durch den Tanz der Derwische, sind Gesang und Tanz der direkteste Weg zu Gott.

Die beiden letzten spirituellen Lieder dieses Kapitels stammen aus Neuseeland und Hawaii. Sie zählen zu den „lustigsten“ in unseren Singgruppen.

AYE KERUNENE

A - ye   ke-ru-ne - ne   ke-ra-ni - o   ke-ru - na.

Ke-ra-ni - o we-ya he-ya he-ya - ye,   a - ye   ke-ru - na.

Lied für die Erde (aus Afrika)

SALA LEO SALA LEIHRIDA

Sa-la   le - o Sa-la Lei-hri-da.   Sa-la   lei Ma-ma de-lo Sa-la   Lei-hri-da.

Afrikanisches Lied zur Verehrung der 4 Elemente

HEYO ERDE, WASSER, FEUER, LUFT

He - yo   Er - de,   Was - ser,   Feu - er,   Luft.

Ich bin   Er - de, ich bin Was - ser, ich bin   Feu - er, ich bin Luft.

Lied für die Elemente um uns und in uns   T: Horst M: Salaleo

YEMAYA ASESU

Ye-ma - ya A-se - su   A-se - su Ye-ma - ya   Ye-ma-

ya A-lo - do   A-lo - do Ye-ma - ya.

GROSSE MUTTER ISIS

79

Gro-ße Mut-ter I - sis, du bist das Le-ben. Je-den Tag be-stimmst du zum

Tag der Freu-de, be - geis-terst uns durch Tanz, Mu - sik und Po - e-sie.

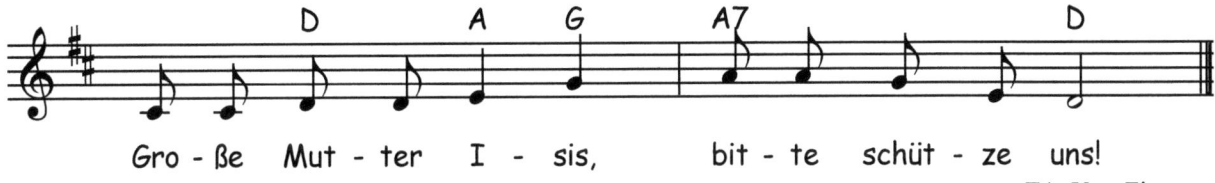

Gro - ße Mut - ter I - sis, bit - te schüt - ze uns!

TA: Vera Zingsem

LO YISA GOY (KANON)

80

Lo yi-sa goy el goy che - rev, lo yilm-

du od mil-cha - ma. Lo yi-sa goy el

goy che - rev, lo yilm- du od mil-cha - ma. mil-cha - ma.

Aus Israel: Jesaja 2;4: Man sieht nicht mehr das Schwert,
Volk gegen Volk, und übt nicht mehr für den Krieg.

HEVENU SHALOM ALECHEM

81

He-ve-nu sha-lom a - le-chem. He-ve-nu sha-lom a - le-chem. He-ve-nu
Wir wo Hen Frie-den für al - le

sha - lom a - le-chem. He-ve-nu sha-lom, sha-lom, sha-lom a - le-chem.
Frie-den für die Welt.

HINNEY MAH TOV 82

Hin-ney mah tov u-mah na-im she-vet a-chim gam ja-chad. Hin-ney mah tov

she-vet a-chim gam ja-chad. Hin-ney mah tov she-vet a-chim gam ja-chad.

HAIDA HAIDA 83

Hai - da, hai - da, hai da, hai - da, hai - da, hai - da. hai - da.

DEI DEI DEI DEI 84

Dei dei dei dei, dei dei dei dei, dei dei dei dei dei dei dei

Dei dei dei, dei dei dei dei, dei dei dei dei, dei dei dei dei.

Nigun (=Melodie) aus dem mystischen Judentum (Chassidismus)
Durch das wortlose Gebet wird der formlose, unvorstellbare Gott verehrt

LA LA LA LA LA **Kapo 3** 85

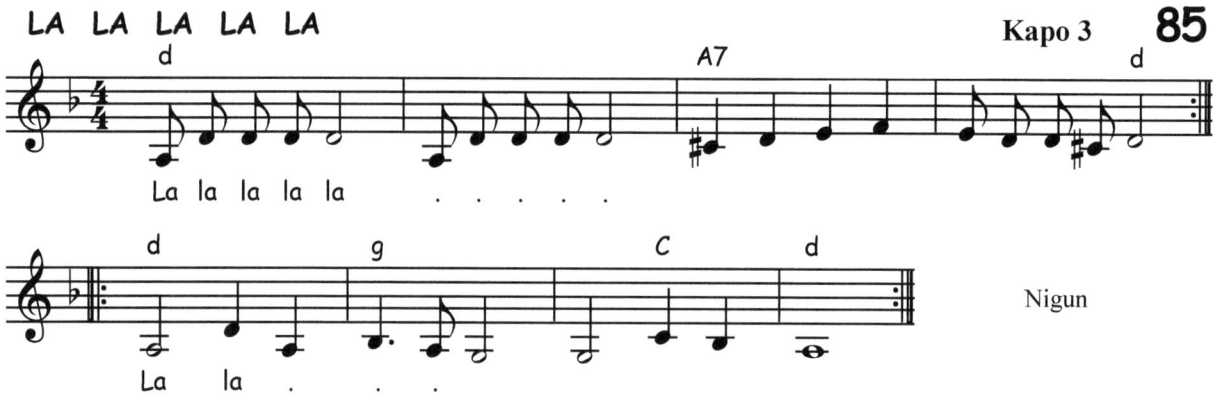

La la la la la . . . . .

La la . . .

Nigun

In Niguns wird Gott nicht beim Namen genannt, weil er so groß und unbegreiflich ist,
dass ihm kein Name gerecht wird.

AI AI AI A

Ai-ai-ai-a - Ai-ai-ai-a Ai-ai-ai-a ai-ai-ai

Ai-ai-ai-a - Ai-ai-ai-a - Ai-ai- a ai-ai-ai

Oh oh oh Oh oh oh Oh oh oh Oh oh oh

Noch ein Nigun = Lied aus dem Chassidismus, dem Judentum in Osteuropa

HE LA HE LAY LAY LAY

Hey la hey lay lay lay, hey la hey lay lay lay, hey la hey lay lay lay lay lay lay.

Hey la hey lay lay lay hey lay lay lay lay hey la hey lay lay lay lay lay.

Hochzeitsmelodie osteuropäischer Juden

ISQH ALLAH MAHBUD LILLAH

Isqh Al-lah Mah - bud Lil--lah, Isqh Al - lah Mah-bud Lil - lah. God is love,

lo-ver and be-lo- ved, love, lo-ver and be - lo -ved. I am love, lo -ved.

Gott ist Liebe, Liebender und Geliebter.

Sufi-Lied

THY LIGHT IS IN ALL FORMS

89

Thy light is in all forms, Thy love in all be-ings. Thy be-ings.

Hu Al - lah, Hu Al - lah, Hu Al - lah, Hu.

Sufi-Lied: Gott ist groß. Sein Licht ist in allen Dingen und Wesen.

EPO I TAI TAI E

(Melodie in der Unterstimme) **90**

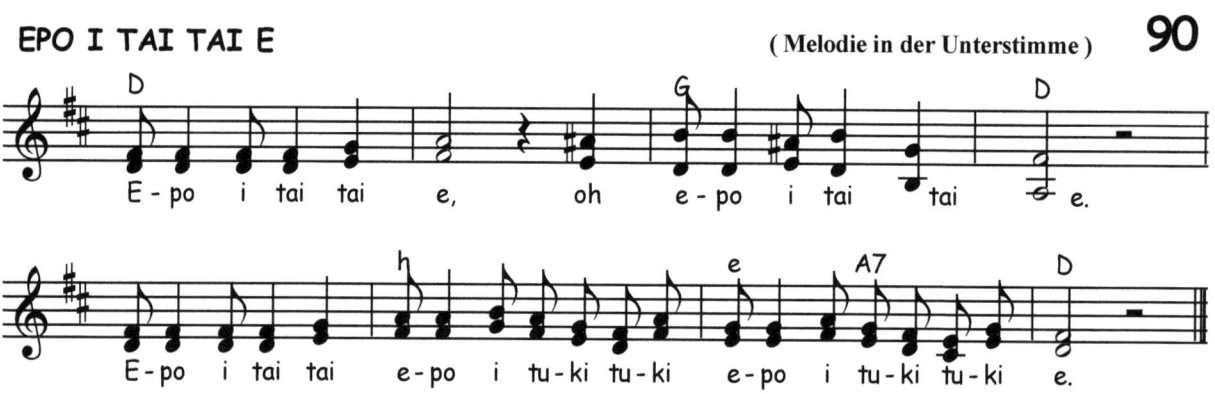

E - po i tai tai e, oh e-po i tai tai e.

E-po i tai tai e-po i tu-ki tu-ki e-po i tu-ki tu-ki e.

Maori (Ureinwohner Neuseelands): Die große Flut kam, aber wir sind alle davongekommen.

E MALAMA (aus Hawaii)

Kapo 2 **91**

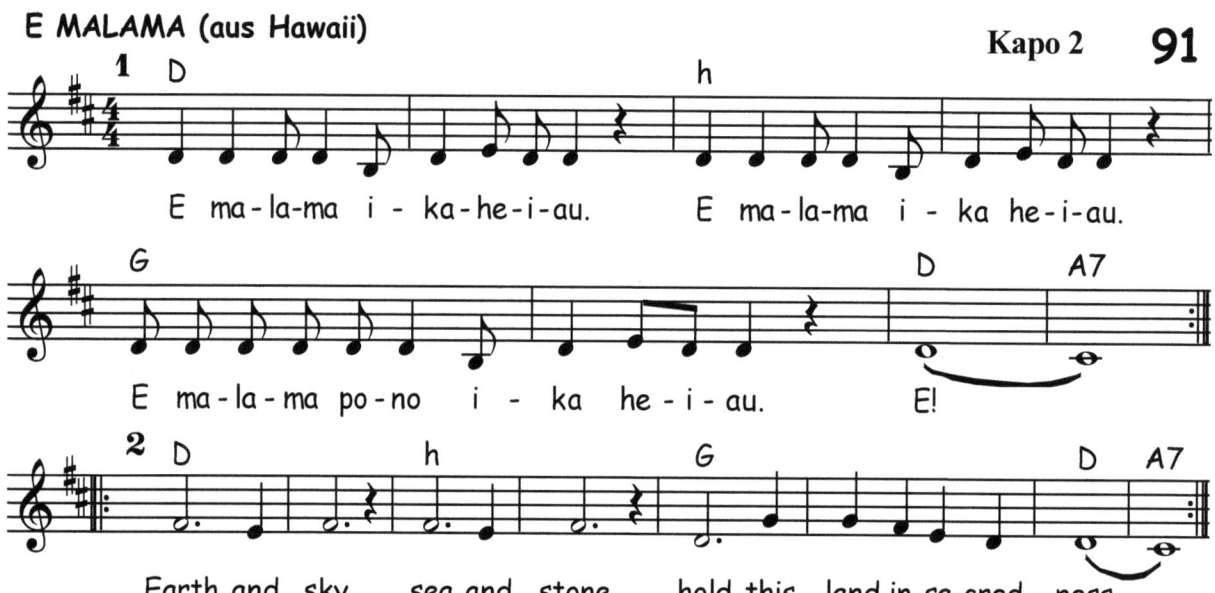

E ma-la-ma i - ka-he-i-au. E ma-la-ma i - ka he-i-au.

E ma-la-ma po-no i - ka he-i-au. E!

Earth and sky, sea and stone, hold this land in sa-cred - ness.
Sorgt euch um das Heilige Land in der rechten Weise!
(Segenslied für die Erde - aus Hawaii)

Kapitel 9   Blick nach Südamerika

Bei den südamerikanischen Ketschua in Bolivien und Peru wird die Erdmutter *Pachamama* heute noch als Göttin der Erde und der Fruchtbarkeit verehrt.

Pachamama ist unsere Mutter, sie will, dass ihre Kinder fröhlich sind, denn dann erblüht auch sie und lässt ihre Lebensgeister und Heilkräfte frei. Denn wenn die Menschen traurig, deprimiert oder voller Zweifel sind, dann fehlt die Verbindung zur Kraft von Mutter Erde und die Seele der Menschen vertrocknet. Dann ist auch Pachamama traurig und leidet mit.

Seitdem ich *Pachamama* das erste Mal in den Anden spürte, war ich von ihr fasziniert. Als Dank entstand das erste Mantra, dem viele Jahre später ein zweites folgte.

Zwei weitere spirituelle Lieder aus Südamerika kommen noch dazu.

PACHAMAMA **92**

Pa-cha - ma-ma, Pa-cha - ma-ma, Pa-cha - ma-ma, Pa-cha -

ma - ma! A - hu, a - hu, a - hu, a - hu!

Anrufung der Erdmutter (bei den Indios in den Anden) T: Traditionell

PACHAMAMA, GODDESS OF EARTH **93**

Pa-cha-ma-ma, Pa-cha-ma-ma, God-dess of Earth, bless my life.

Health and po - wer, health and po - wer,

Entstanden in Südamerika

Pa-cha -ma-ma, bless my life.

PAZ AMOR (KANON) **94**

Paz, a - mor, ver - dad, rec-ti - tud. tud. No vi-o - len-ci-a, no vi-o -

len - ci - a, no vi-o - len-ci-a, no vi-o - len-ci-a. len - ci-a.

(1) Friede, Liebe, Wahrheit, Aufrichtigkeit, (2) Gewaltlosigkeit (aus Argentinien)

A

Ei-nes Ta-ges frag-te ich Vi-ra - co-cha, wo-her ich komm', wer ich

bin, wo-hin ich geh'. Ich er - hielt die schön-ste Ant-wort,

die man sei - nem Lieb - sten ge - ben kann:

B

Ich kam mit der Zeit, ich kam mit dem Wind, ich kam mit dem Was-ser,

die Lie-be rief mich, die Lie-be rief mich. Ich kam mit der Er-de,

ich kam mit dem Feu-er, ich kam mit den Vö-geln, die Lie-be bin

(Viracocha ist der Schöpfergott in der Inka-Mythologie)

ich, die Lie-be bin ich.

C 4 x

Ni-na Ya- ku Oei-ra Pa-cha - ma-ma, he. Ni-na Ya-ku Oei-ra Pa-cha - ma-ma, ha

|1. |2.

Ni-na Ya-ku Oei-ra Pa-cha - ma-ma, he. Ni-na Ya-ku Oei-ra Pa-cha - ma-ma, ha!

Feuer, Wasser, Wind, Mutter Erde, he (Ketchua-Sprache)

T + M: Maria Alba

Kapitel 10   Elemente anrufen und besingen

Wir begrüßen die Kräfte und Energien des Ostens. Der OSTEN steht für das Element LUFT. Er steht für die Energien des Frühlings die Kräfte und Energien der Wiedergeburt der Natur, den Neuanfang, den neuen Tag, für unsere Träume vom Leben.

Wir begrüßen die Kräfte und Energien des Südens. Der SÜDEN steht für das Element FEUER. Er steht für die Energien des Sommers. Er steht für Lebensenergie und Lebenskraft.

Wir begrüßen die Kräfte und Energien des Westens. Der WESTEN steht für das Element WASSER. Er steht für die Energien des Herbstes. Er steht für die Kräfte und Energien der Reife, Vollendung und Erfüllung, für Reinigung und das Lösen aller Dinge, die man loslassen möchte.

Wir begrüßen die Kräfte und Energien des Nordens. Der NORDEN steht für das Element ERDE. Er steht für die Energien des Winters und für die Kräfte und Energien der Regeneration, der Dunkelheit, des Schlafs und der Visionen.

Hauptsächlich von den Indianern lernte die westliche Welt den Animismus kennen und gebührend zu bewerten. Im Animismus glaubt man an anthropomorphe (= menschenähnliche) seelische Mächte, Kräfte oder *spirits* (Geister).

Zur Schöpfung gehören nicht nur alle Lebewesen sondern auch alle Teile und Äußerungen der Natur. Dazu gehören die Elemente Feuer, Wasser, Erde und Luft.

Bei Indianern haben die vier Elemente - Erde, Wasser, Feuer und Luft - eine große spirituelle Bedeutung. Sie sagen, dass wir diese Elemente in uns tragen, dass sie Teil unseres Körpers, unserer Seele und unseres Geistes sind.
Was wären wir Menschen ohne diese Elemente?

Ohne Erde hätten wir keine Mutter, die für uns sorgt. Die Erde ist unser Körper.

Ohne Wasser würde unser Körper austrocknen und zu Staub zerfallen. Wasser steht für unsere Seele.

Ohne Feuer wäre unsere Welt kalt und leer. Feuer ist die geistige Kraft in uns, ist die Wärme der Spiritualität.

Ohne Luft könnten wir den göttlichen Atem nicht einsaugen, der uns am Leben erhält. Luft reinigt unseren Verstand. (Buzzi „Indianische Heilgeheimnisse")

Alles sollte gefeiert werden, wie sich die Zeit immer wieder in einem Tag-und-Nacht-Kreislauf und einem Jahreskreislauf erneuert oder die Übergänge in unserem Leben, von der Geburt bis zum Übergang in eine andere Dimension.

Durch die Wiederverbindung des Menschen mit der Schöpfung und ihren Elementen, kommt es zu einer Wiedervereinigung unserer persönlichen Welt mit der kosmischen Welt. Auch unsere Ahnen wollen und dürfen berücksichtigt werden. Ziel ist eine wirkliche und dauerhafte Verbindung unserer irdischen Belange und den Weisheiten und Möglichkeiten der spirituellen Welt.

Wenn wir unser Leben feiern und dabei z.B. spirituelle Lieder singen, stärken wir die Elemente und unsere Verbindung zur Natur.

EARTH IS MY BODY
96

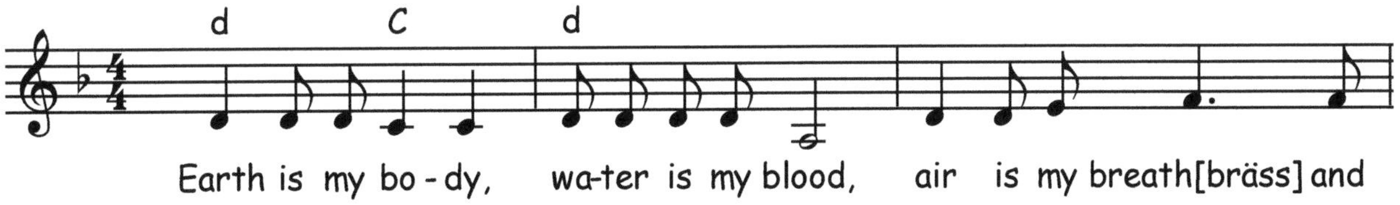
d C d
Earth is my bo - dy, wa-ter is my blood, air is my breath[bräss] and

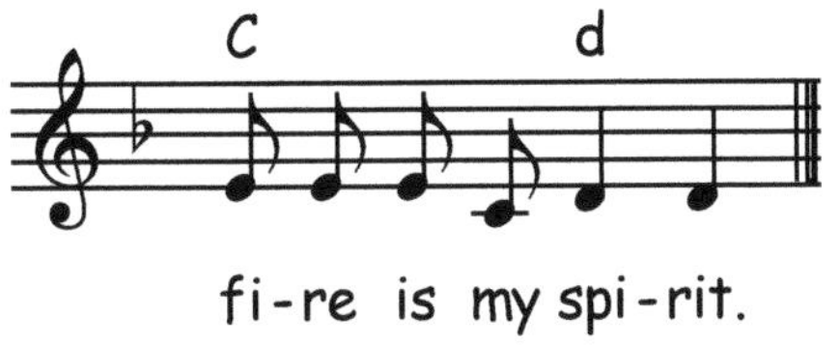
C d
fi-re is my spi-rit.

Lied im indianischen Geist:
Achtung vor Mutter Erde/ ihren Elementen:
Element Erde ist mein Körper, Wasser ist mein Blut,
Luft ist mein Atem, das Element Feuer ist mein Geist.

THANK YOU MOTHER EARTH
97

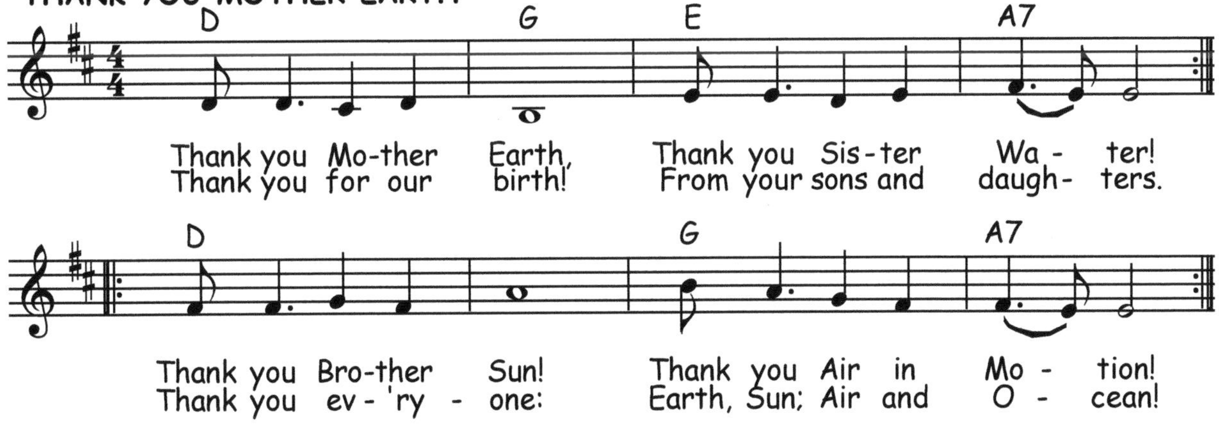
D G E A7
Thank you Mo-ther Earth, Thank you Sis-ter Wa - ter!
Thank you for our birth! From your sons and daugh- ters.
D G A7
Thank you Bro-ther Sun! Thank you Air in Mo - tion!
Thank you ev - 'ry - one: Earth, Sun; Air and O - cean!

T: Susan Arrow Grace

ANCIENT MOTHER, I HEAR YOU CALLING
98

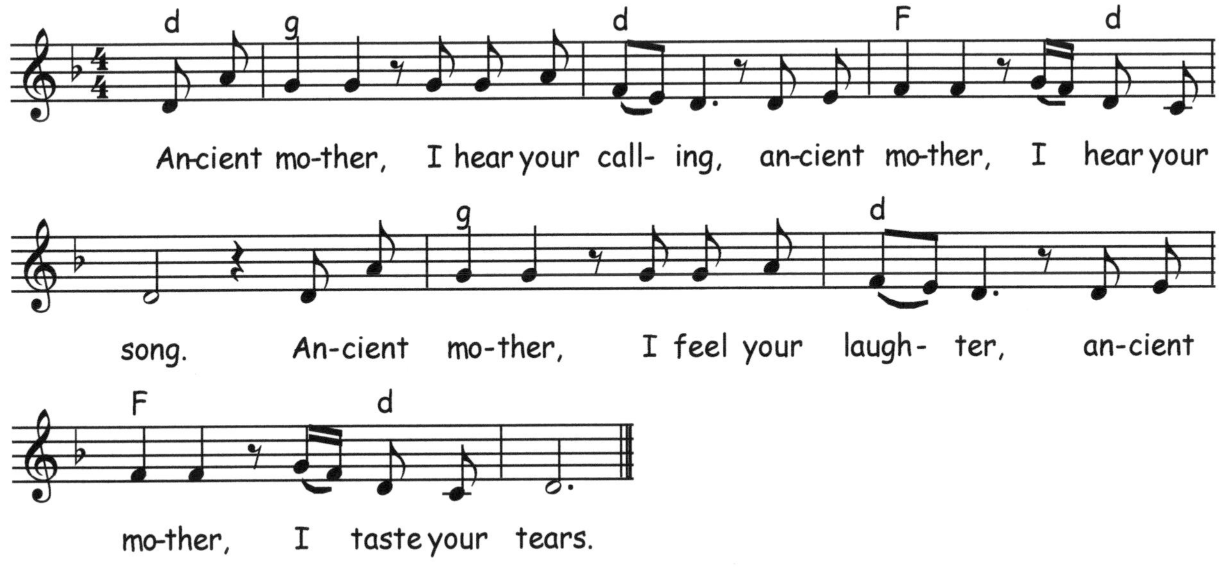
d g d F d
An-cient mo-ther, I hear your call- ing, an-cient mo-ther, I hear your
g d
song. An-cient mo-ther, I feel your laugh- ter, an-cient
F d
mo-ther, I taste your tears.

MUTTER ERDE, DIE MICH TRÄGT

Mut-ter Er-de, die mich trägt. Mut-ter Er-de, die mich nährt.
He-ya He-ya He-ya Ho He-ya He-ya He-ya Ho

SING' MIT MIR DAS LIED DER ERDE

Refrain: Sing' mit mir das Lied der Er-de, sing' mit mir das Lied der Er-de:

1) Al-les, was lebt, ist ihr Lied, al-les, was stirbt, ist ihr Lied.

2) Und auch der Wind, der da weht, ist ein Er-den-, ist ein Er-den - lied.

3) All ih - re Lie-der will sie sin-gen, all ih - re Lie-der will sie sin-gen.

T: Lied der Wildrose (Sioux-Indianerin) via Margit Scheidler

FEUER, WASSER, ERDE UND LUFT

Feu-er, Was-ser, Er-de und Luft, so - wie die mensch-li-che Ge - mein-schaft

sind die E - le - men - te, die un - ser Le - ben hei - li-gen.

TA: Amir aus Bali via Hardy Krüger

ICH BIN SONNE, WÄRME, FEUER 102

Ich bin Son-ne, Wär-me, Feu-er. Ich bin Kraft, bin Licht, bin
Le - ben. La la la la la la lai lai la la la la la la lai lai lai

T: K.O. Schmidt

DU MUTTER ERDE, HÖRE MICH TROMMELN 103

1) Du Mut-ter Er - de, hö - re mich trom-meln!
2) Du Mut-ter Er - de, Du bist der Hei - ler,
3) Du Mut-ter Er - de, stär - ke mein Le - ben!
4) NUR TROM - MELN

1) Du Mut - ter Er - de, hö - re mein Lied!
2) Du Mut - ter Er - de, hei - le mein Leid!
3) Du Mut - ter Er - de, stärk' mei - ne Kraft!
4) NUR TROM - MELN

Kap11 Feiern am Feuer

Singen am Feuer – zusammen mit anderen Menschen – ist heilender Balsam für die Seele. Von alters her haben wir Menschen deshalb eine besondere Wertschätzung für dieses Element, weil Feuer auf uns eine faszinierende Wirkung ausübt. Dies ist in unseren Genen und unserer Seele angelegt.

Am Feuer trafen sich die Vorfahren, um Wichtiges zu besprechen, um zu heilen, um heil zu werden, um zu singen, um sich heilende Geschichten und Träume zu erzählen, um zu tanzen, zu feiern und um zu träumen.

Denn Feuer wird bei vielen Kulturen als heilig, reinigend und erneuernd angesehen. Seine Zerstörungskraft wird als Neugeburt auf einer höheren Stufe gedeutet. Der Rauch, welcher dabei zum Himmel steigt, gilt als Symbol der Verbindung zwischen Himmel und Erde, Geist und Materie.

Es ist dem Einzelnen überlassen, wie er sich den Feuergeist vorstellt. Im Hinduismus beispielsweise ist Feuer das Element der Wandlung mit der zugeordneten Gottheit Kali. Dem Feuergeist übergeben wir alles, was in uns verbrannt werden soll, all das, was uns von unserer eigenen Göttlichkeit fern hält. Das Alte und Geschwächte wird verbrannt und schafft Platz für Neues und Starkes.

> Eines Tages, wenn wir die Kräfte des Windes, der Gezeiten und der Schwerkraft gemeistert haben, werden wir uns die Kraft der Liebe nutzbar machen. Dann wird der Mensch zum zweiten Mal in seiner Geschichte das Feuer entdecken. (Teilhard de Chardin)

Mögen die Feuer, die verbinden und heilen und uns träumen lassen, überall entzündet werden und nie verlöschen.

TRÄUM' ICH AM FEUER

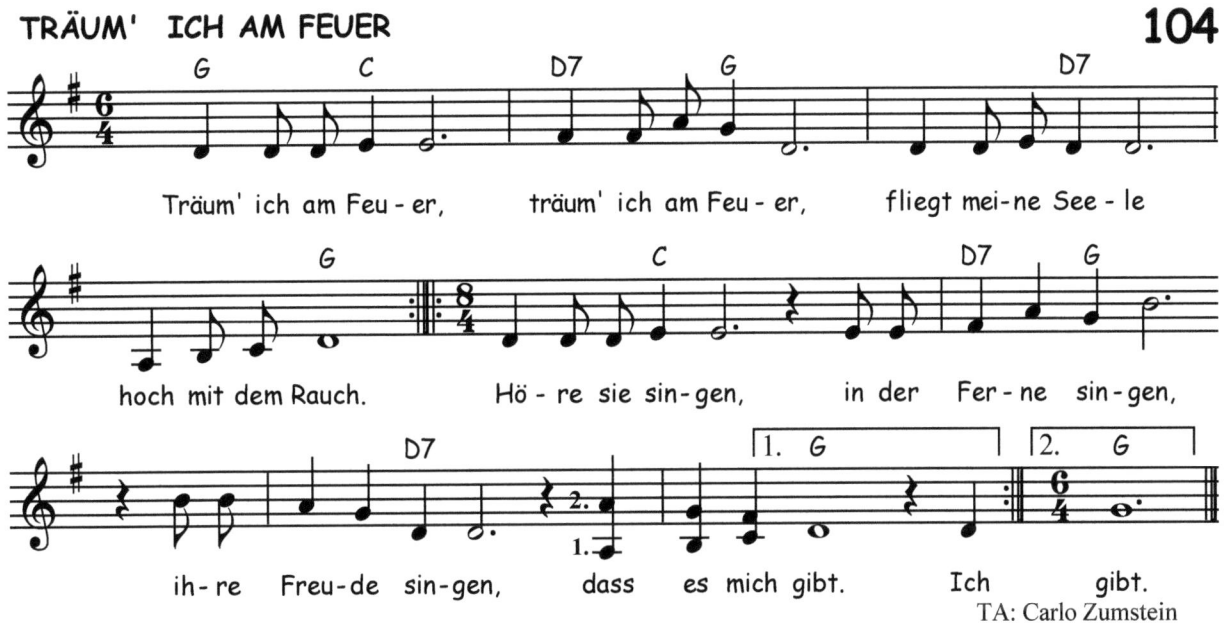

104

G C D7 G D7
Träum' ich am Feu - er, träum' ich am Feu - er, fliegt mei-ne See - le
G C D7 G
hoch mit dem Rauch. Hö - re sie sin-gen, in der Fer - ne sin-gen,
D7 1. G 2. G
ih - re Freu-de sin-gen, dass es mich gibt. Ich gibt.

TA: Carlo Zumstein

VERWEILE AM FEUER UND SINGE

105

G C D7
Ver - wei - le am Feu - er und sin - ge, sing' mit dem A - tem des
1. G 2.G G C
Win - des. Win - des. Sin - ge das Lied von der Ver - söh - nung
D7 1. G 2.G G C
mit der Ver-gan-gen - heit. heit. Sing' auch das Lied von der Ge - burt
D7 1.G 2.G
ei - ner neu - en Zu - kunft. Zu - kunft.

TA: Carlo Zumstein
TA: Carlo Zumstein

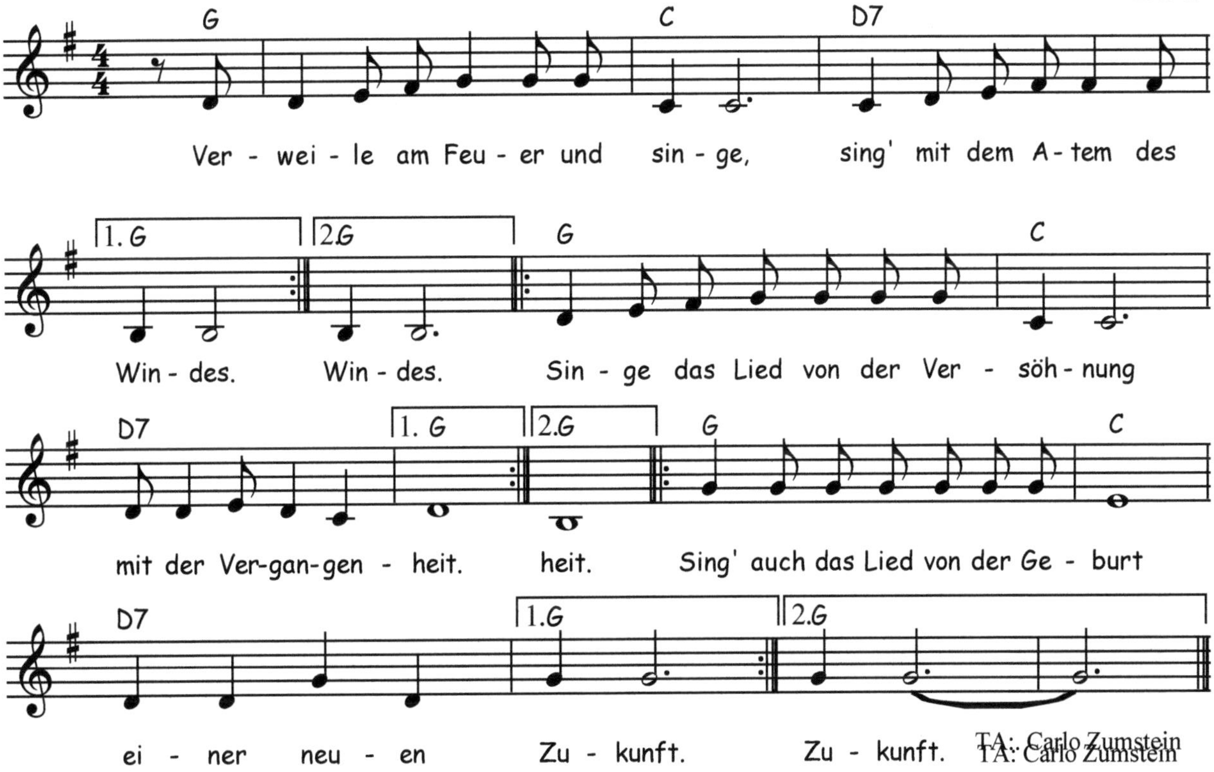

HE FEUER, HO FEUER

Kapo 2

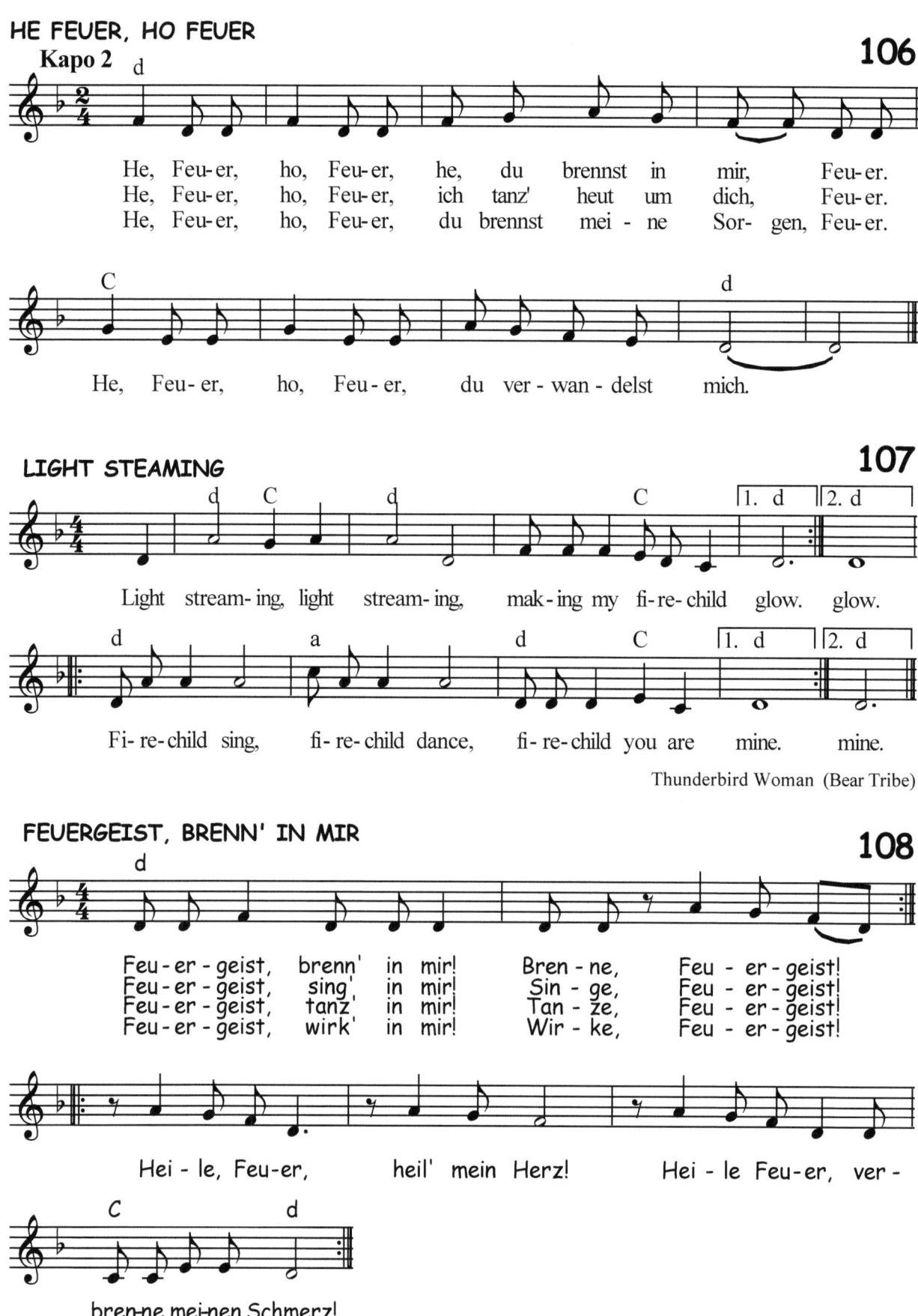

He, Feu-er, ho, Feu-er, he, du brennst in mir, Feu-er.
He, Feu-er, ho, Feu-er, ich tanz' heut um dich, Feu-er.
He, Feu-er, ho, Feu-er, du brennst mei - ne Sor- gen, Feu-er.

He, Feu-er, ho, Feu-er, du ver - wan - delst mich.

LIGHT STEAMING

Light stream- ing, light stream- ing, mak- ing my fi- re- child glow. glow.

Fi- re- child sing, fi- re- child dance, fi- re- child you are mine. mine.

Thunderbird Woman (Bear Tribe)

FEUERGEIST, BRENN' IN MIR

Feu- er- geist, brenn' in mir! Bren - ne, Feu - er- geist!
Feu- er- geist, sing' in mir! Sin - ge, Feu - er- geist!
Feu- er- geist, tanz' in mir! Tan - ze, Feu - er- geist!
Feu- er- geist, wirk' in mir! Wir - ke, Feu - er- geist!

Hei - le, Feu-er, heil' mein Herz! Hei - le Feu-er, ver -

bren-ne mei-nen Schmerz!

Kapitel 12   Feiern am Wasser (Wasser-Mantras)

Lausche dem Wasser, träume am See, er kann dir viel erzählen.
Werde Wasser, werde See, seine Weisheit kommt zu dir.
Werde Welle, tanzende Welle, tanze und träume wie der See.
(Carlo Zumstein)

Das Wasserelement ist die weiche, fließende Energie, die unser Leben im Fluss hält. Auf der physischen Ebene ist Wasser der Treibstoff, der unseren Körper am Laufen hält. Auf der psychischen Erfahrungsebene brauchen wir Gefühl, Intuition, Fantasie und Traum als Gegengewicht zur harten Energie des Verstandes.

Wasserflächen und fließende Gewässer haben eine besondere Atmosphäre. Wasser lädt ein zu (schamanischen) Ritualen am Wasser. Ob man an einem See oder einem kleinen Wildbach feiert, immer ist es ein besonderes Erlebnis.

Wasser kann die Schwingungen der Worte, die Harmonien der Töne sowie die Gefühle der SängerInnen aufnehmen und als Informationen speichern.

Überliefert ist die keltische Verehrung von Quellen, Brunnen, Seen und Flüssen. Man hat in ihnen eine Unzahl von Votivgaben (Münzen, Figürchen oder größere Dinge) gefunden, die in den Gewässern versenkt worden waren.

Aus zahlreichen Mythen kann der Glaube der Kelten an Hüterinnen der Gewässer abgeleitet werden: Göttinnen oder Feen lebten an den Quellen und reichten dem durstigen Wanderer Kelche mit Leben spendendem Wasser.

Die folgenden spirituellen Lieder passen zu (schamanischen) Treffen in Wassernähe. Entzündet man ein Feuer und feiert in die Nacht hinein, dann kann dies unvergesslich werden.

LAUSCHE DEM WASSER 109

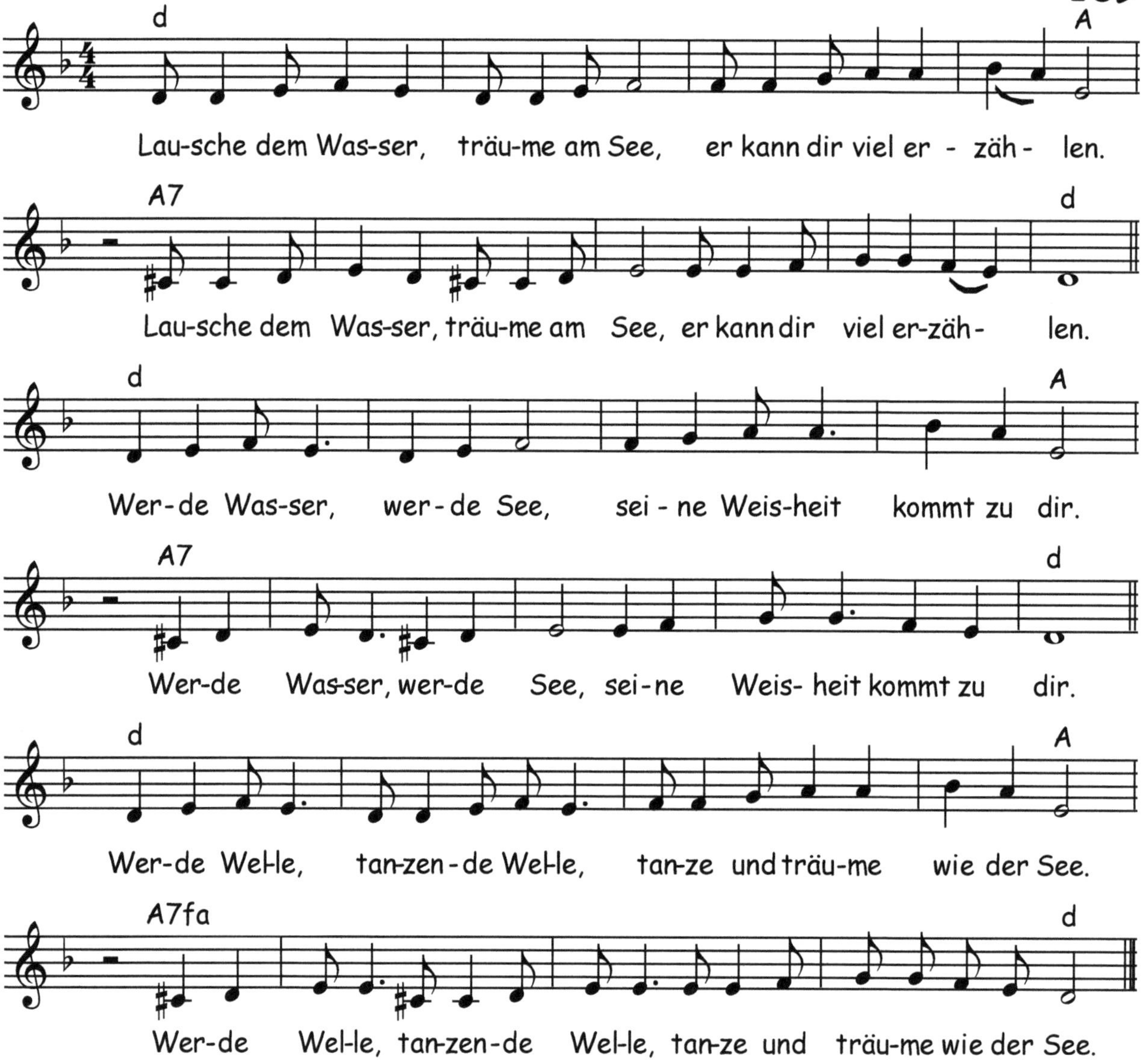
d A
Lau-sche dem Was-ser, träu-me am See, er kann dir viel er - zäh - len.
A7 d
Lau-sche dem Was-ser, träu-me am See, er kann dir viel er-zäh- len.
d A
Wer-de Was-ser, wer-de See, sei - ne Weis-heit kommt zu dir.
A7 d
Wer-de Was-ser, wer-de See, sei-ne Weis- heit kommt zu dir.
d A
Wer-de Wel-le, tan-zen-de Wel-le, tan-ze und träu-me wie der See.
A7fa d
Wer-de Wel-le, tan-zen-de Wel-le, tan-ze und träu-me wie der See.

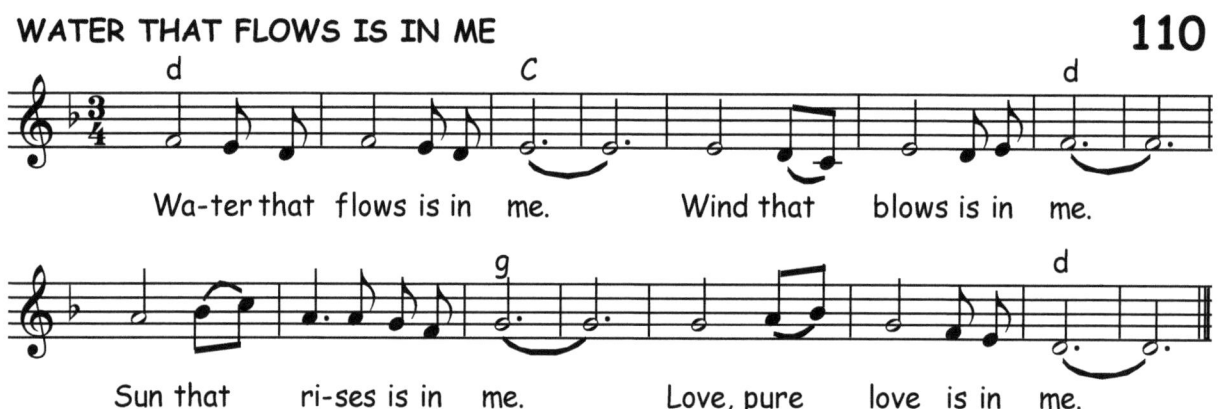

WATER THAT FLOWS IS IN ME 110

d C d
Wa-ter that flows is in me. Wind that blows is in me.
g d
Sun that ri-ses is in me. Love, pure love is in me.

Wasser fließt in mir, Wind weht in mir,
Sonne scheint in mir. Liebe, reine Liebe ist in mir.

BERGBACH, RAUSCHE IN MIR

111

Berg-bach, rau-sche in mir! Son-ne strah-le in mir!

West-wind küh-le in mir! Stei-ne seid stark in mir!

LEIS DURCHSTRÖMT DIE NACHT EIN FLUSS

112

Leis durch-strömt die Nacht ein Fluss, schick ihm dei-nen fro-hen Gruß.

Hör' den Rat, den er dir gibt: Hab' dich und dein Le-ben lieb !

TA: Paulo Coelho

KALT UND KLAR, REIN UND TIEF

113

Kalt und klar, rein und tief; Herz-blut von Mut-ter Er - de.

Dank an Dich, Was-ser-quell, Herz-blut von Mut-ter Er - de.

He-ya He-ya He-ya Ho He-ya He-ya He-ya Ho He-ya Ho He-ya Ho

LIED DES WASSERS, FLÜSTERN DES BACHS

Lied des Was-sers, Flüs-tern des Bachs, stärkt beim Lau-schen der See-le Kraft.

He - ya He - ya He - ya Ho He-ya He-ya He-ya He-ya He - ya Ho

ERLE AM BACH

Er - le am Bach, Hüt'- rin des Zu - gangs zu al - tem Wis - sen um

Hei-lung und Kraft, Hei-lung und Kraft.

HERR DES DONNERS UND DES BLITZES

Herr des Don-ners und des Blit-zes, Herr der Stür-me, Do-nar, du!

Bring' uns Re-gen, füll' die Flüs-se und bring' Frucht-bar - keit der Flur.

und bring' Frucht-bar - keit der Flur.

Kapitel 13   Tore zum inneren Frieden

Alle Menschen suchen Frieden, oder sagen wir besser: fast alle Menschen. Dieser Frieden beginnt in uns, ist aber keine Kopf-Sache. Der Weg zum inneren Frieden führt durch unser Herz. Ohne inneren Frieden gibt es keine Lebensfreude.

Persönlicher innerer Frieden macht uns gefeit gegen widrige äußere Umstände. Man kann ihn als Heimat bezeichnen, weil er ein vertrauter, ruhiger Ort ist, den man aufsuchen kann, um neue Energie zu tanken bzw. um sich seiner Mitte bewusst zu werden.

Mit dem Bewusstsein des Göttlichen in sich und den anderen Menschen   können wir in dieser Welt (über)leben. Diese innere Atmosphäre des Friedens erleben wir als ein tiefes Gefühl der Heimkehr in unsere spirituelle Heimat. Wir können vermeiden, aus unserer Bahn geworfen werden, wenn wir die Tatsache annehmen, dass es im Leben viele Dinge gibt, die wir nicht kontrollieren können. Wir sollen neugierig auf die Welt sein, dann sind wir neugierig auf das Leben. Mit Dingen, die unsere Neugier wecken – so die Gehirnforschung – verdrängt man destruktive Muster.

> Wir sind hier auf der Erde, um unsere eigene natürliche Vollkommenheit bewusst zu erleben....Die eigene Schöpferkraft wieder zu aktivieren bringt nicht nur Zufriedenheit und das Gefühl von innerer Ruhe und Vertrauen, sie bringt auch Beschleunigung auf dem Weg in das eigene und selbstbestimmte Leben.   (Edith von Mohrenschildt in R&Z 231)

Viele Mantra-Texte in diesem Buch sollen daran erinnern, dass jeder Mensch verbunden ist mit der universellen Lebenskraft, verbunden ist mit allen Schöpfungskräften, Erd- und Elementarkräften, Ahnen- oder Planetenkräften. Jeder ist der Gestalter seines Lebens. In jedem Menschen ist alles, ist Brahma, der Schöpfer, ist Shiva, der Zerstörer bzw. der Transformator und Vollender, ist Krishna, der Bewahrer und Genießer, ist Buddha, und damit Weisheit und Wissen, und last but not least Christus, und mit ihm die göttliche Liebe.

Wir müssen Geduld haben, denn die Welt befindet sich erst an der Schwelle zu einer friedlichen Zukunft. Doch je häufiger wir vom Frieden singen, umso mehr Kraft geben wir diesem Wunsch. Wenn wir uns an kleinen Dingen freuen, bauen wir positive Schwingungen auf. Da die Welt total in Unordnung geraten ist, müssen wir verstärkt positive Energien dagegensetzen.

Das Sanskrit-Wort *Shanti* bedeutet: innere Stille, Gelassenheit, Gleichmut, Friede, Leidenschaftslosigkeit.

ICH SCHALTE LICHT AN 117

Ich schal-te Licht an in mei-nem Her-zen. Aus mei-nen Au-gen

strahlt es dann hell. Ich seh' die Um-welt mit neu-en Au-gen.

Ich se-he rings-um die schö-ne Welt. Ich se-he rings-um nur lie-be

Men-schen. Ich füh-le glück-lich: die Welt ist schön.

TA: Phil Bosmans

OM SHANTI, SHANTI OM 118

OM Shan-ti Shan-ti OM. Gib uns Frie-den, Frie-den.

den. Frie-den, der uns in Lie-be zu - sam- men - hält. Frie-den

in uns und Frie - den der gan - zen Welt. Welt.

Gopaldas Wyslich

OM SHANTI OM
119

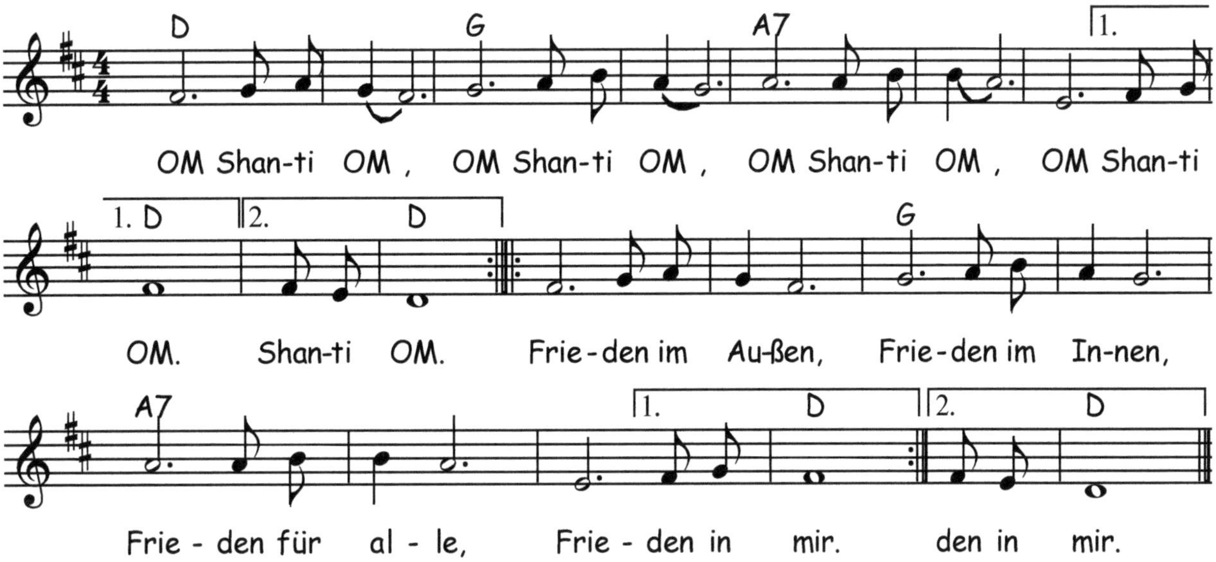

OM Shan-ti OM, OM Shan-ti OM, OM Shan-ti OM, OM Shan-ti

OM. Shan-ti OM. Frie-den im Au-ßen, Frie-den im In-nen,

Frie - den für al - le, Frie - den in mir. den in mir.

FRIEDEN UND LIEBE
120

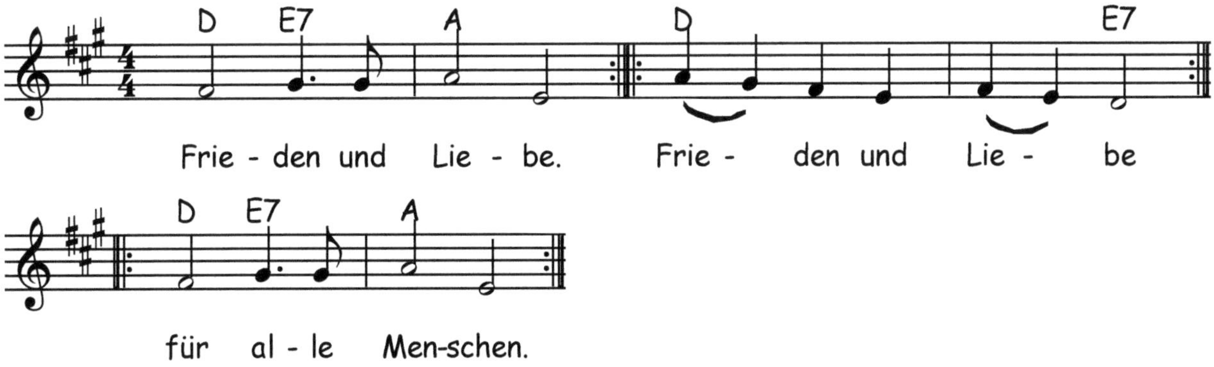

Frie - den und Lie - be. Frie - den und Lie - be

für al - le Men-schen.

MUTTER ERDE SCHENKT UNS SCHÖNHEIT
121

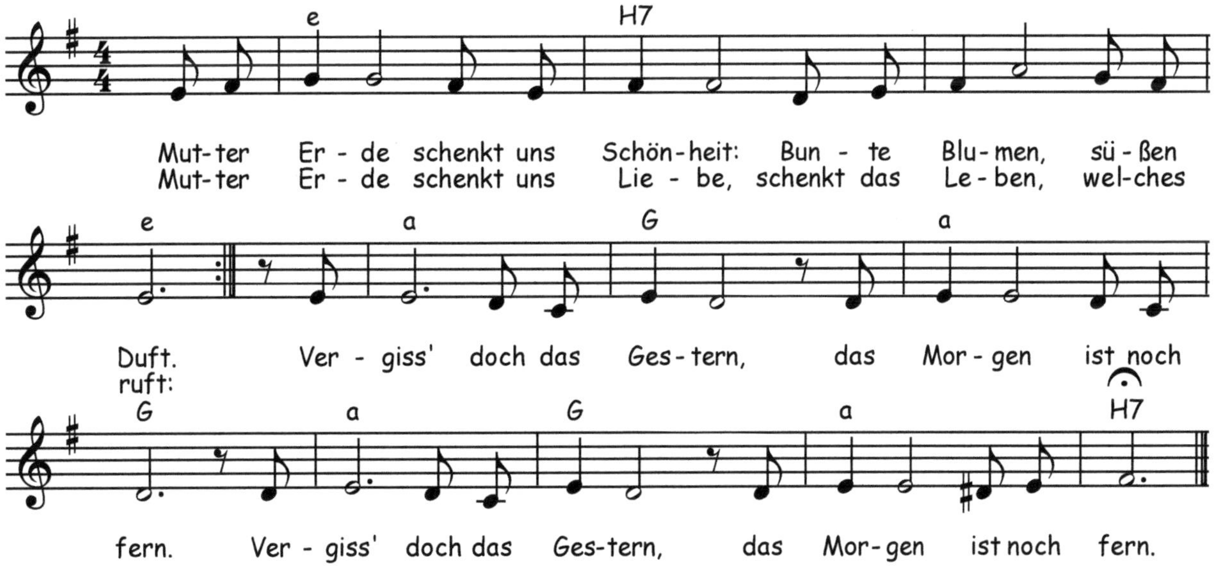

Mut-ter Er - de schenkt uns Schön-heit: Bun - te Blu-men, sü - ßen
Mut-ter Er - de schenkt uns Lie - be, schenkt das Le - ben, wel-ches

Duft. Ver - giss' doch das Ges-tern, das Mor - gen ist noch
ruft:

fern. Ver - giss' doch das Ges-tern, das Mor - gen ist noch fern.

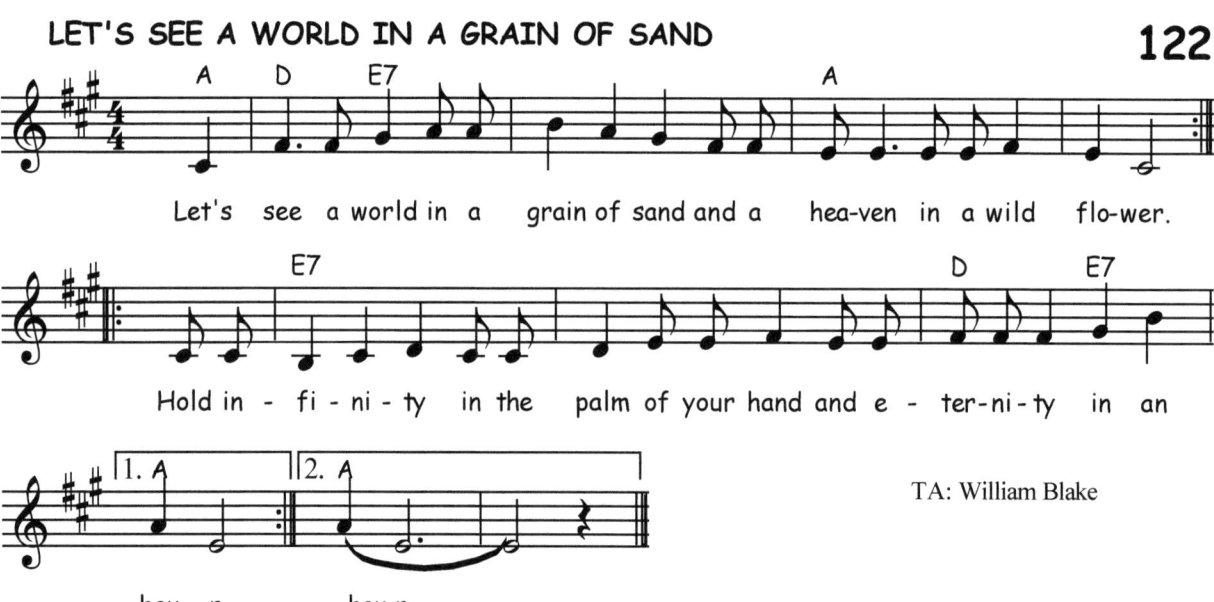

LET'S SEE A WORLD IN A GRAIN OF SAND

122

A D E7 A
Let's see a world in a grain of sand and a hea-ven in a wild flo-wer.
E7 D E7
Hold in - fi - ni - ty in the palm of your hand and e - ter-ni-ty in an
1. A 2. A
hou - r. hou-r.

TA: William Blake

Sieh' die Welt in einem Sandkorn und den Himmel in einer Wildblume.
Halte die Unendlichkeit in deiner Handfläche und die Ewigkeit
in einer Stunde.

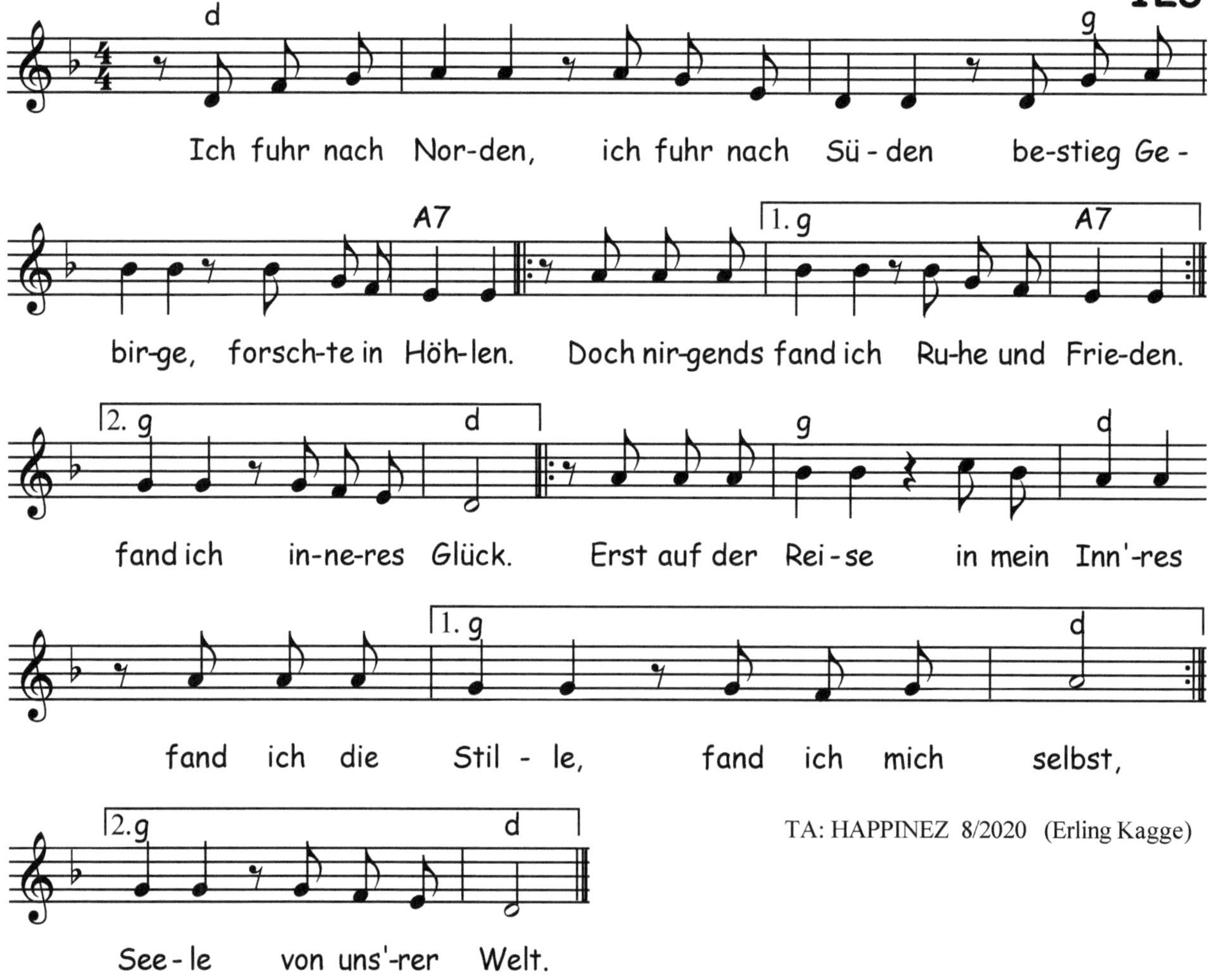

ICH FUHR NACH NORDEN

123

d g
Ich fuhr nach Nor-den, ich fuhr nach Sü - den be-stieg Ge -
A7 1. g A7
bir-ge, forsch-te in Höh-len. Doch nir-gends fand ich Ru-he und Frie-den.
2. g d g d
fand ich in-ne-res Glück. Erst auf der Rei - se in mein Inn'-res
1. g d
fand ich die Stil - le, fand ich mich selbst,
2.g d
See - le von uns'-rer Welt.

TA: HAPPINEZ 8/2020 (Erling Kagge)

THERE IS A PLACE OF BEAUTY

There is a place of beau-ty, there is a place of peace in me.

There is a place of har-mo-ny There is a light in me.

Es gibt einen Platz voller Schönheit in mir.
Es gibt einen Platz voller Harmonie, es gibt ein Licht in mir.

I HAVE A DREAM OF RAINBOW COLOURS

I have a dream of rain-bow co - lours shin-ing

out from the bo-dy and my soul I have a

dream that I can reach you. I have a

dream that you can teach me, how to touch your

heart, how to touch your heart. how to touch your heart.

Ich habe einen Traum von den Farben des Regenbogens,
die aus meinem Körper und meiner Seele ausstrahlen.
Ich habe den Traum, dich zu erreichen.
Ich habe den Traum, dass du mich lehrst, wie man dein Herz erreicht.
(Der Regenbogen ist ein Symbol der Verbindung zwischen Himmel und Erde.
Er artikuliert die Hoffnung der Menschen auf eine bessere, friedliche Welt.)

BLUMEN DES FRIEDENS SOLLEN ERBLÜHEN

Blu-men des Frie-dens sol-len er-blü-hen, strah-lend er-blü-hen

un-ter der Son - ne. Men-schen des Frie-dens sol-len sich fin-den,

ü-ber-all fin-den un-ter der Son - ne. Tän-ze des Frie-dens

wol-len wir tan-zen, voll Freu-de tan-zen un-ter der Son - ne.

TA: Phil Bosmans

SINGT DEN FRIEDEN AUF DIE ERDE

Singt, singt den Frie-den auf die Er - de, singt, singt den

Frie-den in die Her-zen, singt, singt den Frie-den in die See-len,

singt das Lied vom Glück-lich-sein.

ICH NEHME AN, WAS DIESER TAG MIR GIBT

128

Ich neh-me an, was die-ser Tag mir gibt an Schö-nem: Er gibt mir Luft und

Le-ben, er gibt mir Got-tes Licht. Er gibt mir La-chen und Wei-nen

TA: Phil Bosmans

und das Wun-der die-ses Tags.

MEIN HERZ, ES SEHNT SICH NACH FRIEDEN IN MIR

129

Mein Herz, es sehnt sich nach Frie-den in mir, denn dann kommt Frie -

den, auch Frie-den zu dir. dir. Sha-lom Sha-lom Sha-lom Sha-lom

Sha - lom Sha-lom Sha - lom Sha-lom Sha-lom. lom Sha-lom Sha- lom.

Kapitel 14   Health and power – heilende Mantras

Heilende Mantras helfen, das Denken zu entspannen und den Körper zu entstressen. Sie sind geeignet, den Ausgebrannten mit neuer Energie anzureichern, dem Eingeengten neuen Platz zu verschaffen, den Geist von ins Stocken Geratenen zu entspannen und Emotionen zu besänftigen. So dürfen wir immer noch und immer wieder die heilende Kraft der Mantras nutzen.

Singen und Tanzen sind Medizin für Körper, Geist und Seele, dies vermitteln die Berichte und Rituale der Urahnen überall auf der Erde.

Musizieren in einem Kreis von Gleichgesinnten verbindet die Menschen mit sich selbst, mit anderen, mit der Natur und mit dem Kosmos. Durch die dabei ablaufenden gruppendynamischen Prozesse verstärkt sich der Heilungsprozess.

Hinweise auf die heilende Kraft des Gesanges finden wir bei den indianischen Schamanen, den Ureinwohnern Australiens, im Christentum, im Hinduismus, im tibetanischen Buddhismus, im Sufismus oder in der altchinesischen Weltsicht. Die Wirkung von Mantras auf Seele und Leib ist so tief, dass sie für die Veränderung von Bewusstseinszuständen verwendet werden können.

Dass Musik magische Momente hat, liegt unter anderem am Rhythmus. Dieser wirkt sich auf die Rhythmen des Körpers, die sich aus der Anpassung an die Tages- und Jahreszeiten, Mondphasen und Gezeiten entwickelt haben, aus. Wir ticken im Takt kosmischer Bio-Uhren.

Beginnen möchte ich mit einem Mantra für Pan, den Gott der Wildnis und der Heilkraft der Natur:

> Einer antiken Legende nach unterliegt Pan mit seiner Flöte in einem Wettstreit dem Leier spielenden Apoll; zu Strafe wird er brutal hingerichtet. Das Wilde wird der Kultur geopfert.
>
> Mit der Zivilisation kommt die Unmenschlichkeit, kommen Krieg, Machtmissbrauch, Ausbeutung, vernichtende Kritik, Diktatur von Leistungs- und Schönheitsidealen etc.
>
> Wir alle kennen dieses Problem: Wir leben in einer Welt, wo unserer inneren wie der äußeren Natur Gewalt angetan wird.
>
> In diesem Spannungsfeld hilft Pan, dass wir im Gleichgewicht bleiben oder es wiederfinden, die Schönheit des Schmerzes unseres alltäglichen Lebenskampfes fühlen, dass wir Mensch bleiben oder wieder werden, dass wir lebendig oder als „Geschöpfe" schöpferisch sind.
>
> Pan ist ein Gott der Wildnis. Dort wo die Zivilisation endet, wo Fülle und Öde sind, wo allein die Kraft der Natur herrscht, dort ist Pan zuhause, von dort kommt die heilende Kraft des Pan.
>
> Pan ist in uns. Wir sind Natur, die Elemente, Gefühle und Bedürfnisse, wir sind Teil der Natur und in der Natur.
>
> (Bernhard Alexander Wicke)

PAN- MANTRA

130

Heil-kraft der Na - tur, Wild-heit und Schöp-fung, tie-fes Him-mels - blau,

sphä-ri-sche Mu - sik. Trös-ten-de Kraft, Kraft, die Wun-den heilt.

Pan, Pan, hey - hey - ho, Pan, Pan, hey - hey - ho.

Nachdem dieser Teil ein paarmal gesungen wurde,
wird folgender Schlußteil angehängt:

Pan ist in uns: See-le und Na-tur. Schön-heit und Schmerz, Pan, Pan, hey-hey-ho.

T: Bernhard Alexander Wicke

UND MAG DER HIMMEL NOCH SO GRAU SEIN

131

Und mag der Him-mel noch so grau sein; mein Le-ben

trist' und oh - ne Son - nen - schein: So werd' ich im-mer wie-der

mein Le-ben fei - ern. So werd' ich im-mer eh-ren: das Gött-li -

che in mir. In mir, in dir.

FULL MOON, PUT AWAY

132

Full moon, put a-way my sor-rows. And fill my heart with

joy of life,and fill my heart with joy of life.

Vollmond, trage meine Sorgen fort.
Fülle mein Herz stattdessen mit Lebensfreude.

SINGEN WILL ICH DEM MOND

133

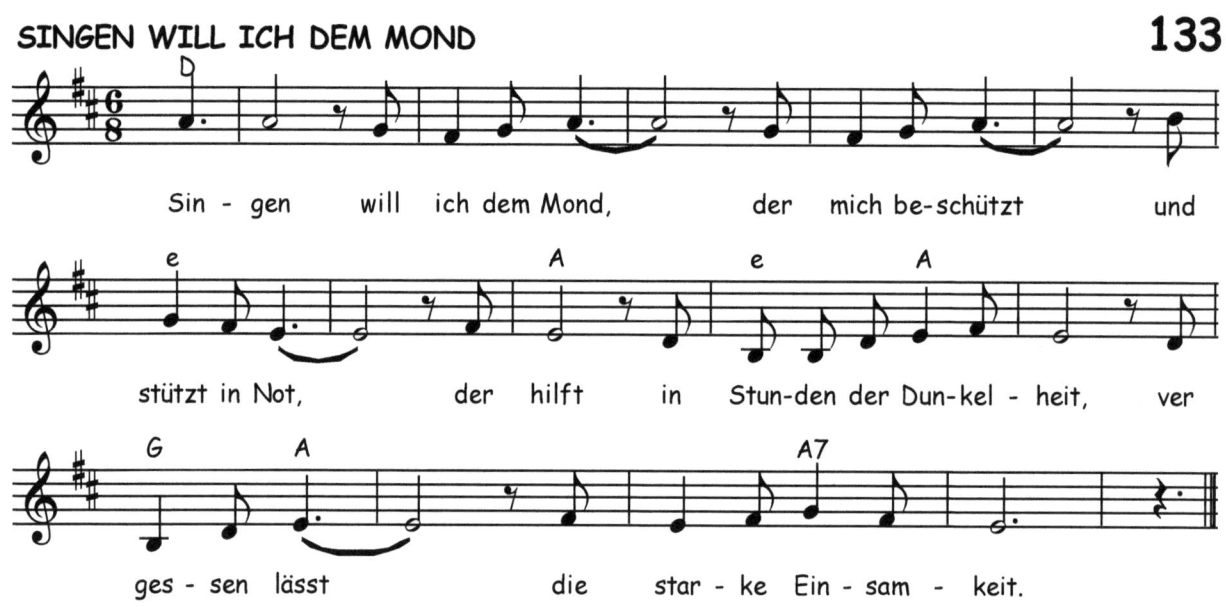

Sin - gen will ich dem Mond, der mich be-schützt und

stützt in Not, der hilft in Stun-den der Dun-kel - heit, ver

ges - sen lässt die star - ke Ein - sam - keit.

TA: Angaangaq

NAMO KWAN SHI YIN PU SA

134

Na - mo Kwan Shi Yin Pu Sa. Na - mo Kwan Shi Yin Pu Sa.

O Mond, o Mond, Kwan Shi Yin, o Mond, hei-le mich.

Die Chinesen verbanden im Altertum den Mond mit der Göttin Kwan Yin:
Ich verehre die Energie von Kwan Yin, welche auch die
Heilenergien des Mondes besitzt

ICH SINGE DEM MOND

135

Ich sin-ge dem Mond, der Eb-be, Flut be-wirkt, Le - ben-dig-keit er-zeugt,

so dass es Nah-rung gibt. Ich sin-ge dem Mond: In dun-kel-ster Stund'

des Le-bens scheint er mir, strahlt neu - e Hoff-nung aus.

T: Angaangaq

I HAVE POWER OF MOON

136

1) I have po-wer of moon, po-wer of sun, I have po-wer in me,
2) I have po-wer of earth, po-wer of air, I have po-wer in me,

po-wer of stars, po-wer of pla-nets have I. I be-lieve
po-wer of sea, po-wer of fi- re have I.

Heilungsgebet

in my life.

137

MEINE TRÄNEN WASCH ICH WEG

Mei-ne Trä-nen wasch ich weg. Mei-ne Angst ver-weht der Wind.

Und am En-de war-tet Lie-be. War - tet Lie - be.

WENN ICH TIEF VERZWEIFELT BIN

Wenn ich tief ver - zwei-felt bin,   oh - ne Mut und   hoff-nungs-los

muss ich nicht ver - za - gen.   Denn der Mond wird   voll auf-geh'n

und mich dran er - in - nern,   dass   es Hoff - nung   gibt,   die

Dun - kel-heit zu   ü - ber-steh'n.

TA: Angaangaq

BEHIND ALL TEARS

Be - hind all tears   there is   po-wer of life.

Be - hind all sad-ness   there is   po-wer of life.   of life.

Hinter allen Tränen und aller Trauer ist Lebenskraft. Erschaffe sie dir!

MÖGE HEILUNG GESCHEHN

Mö - ge Hei - lung ge-schehn, mö - ge Hei - lung ge-schehn, mö - ge Hei -

lung ge-schehn, mö - ge Hei - lung ge-schehn. lung ge-schehn.   lung ge-scheh'n.

Amei Helm

GLAUBE AN DIE LIEBE

141

Glau-be an die Lie-be, glau-be an dich selbst. Glau-be an die

Lie-be, glau-be an dich selbst. Glau-be an die Lie-be,

Lie-be, die in schwie-ri-gen Zei-ten Ber-ge ver-set-zen kann.

TA: Paulo Coelho

ICH BIN EIN KIND IN DIESEM WUNDERBAREN KOSMOS

142

Ich bin ein Kind in die-sem wun-der-ba-ren Kos-mos, in

die-sem gött-li-chen Kos-mos, bin ich ein Kind.

Ver - trau-end geh' ich mei-nen Weg.

Und las-se Lie-be flie-ßen, flie-ßen in mein Le-ben.

OB WÜSTE, OB MEER

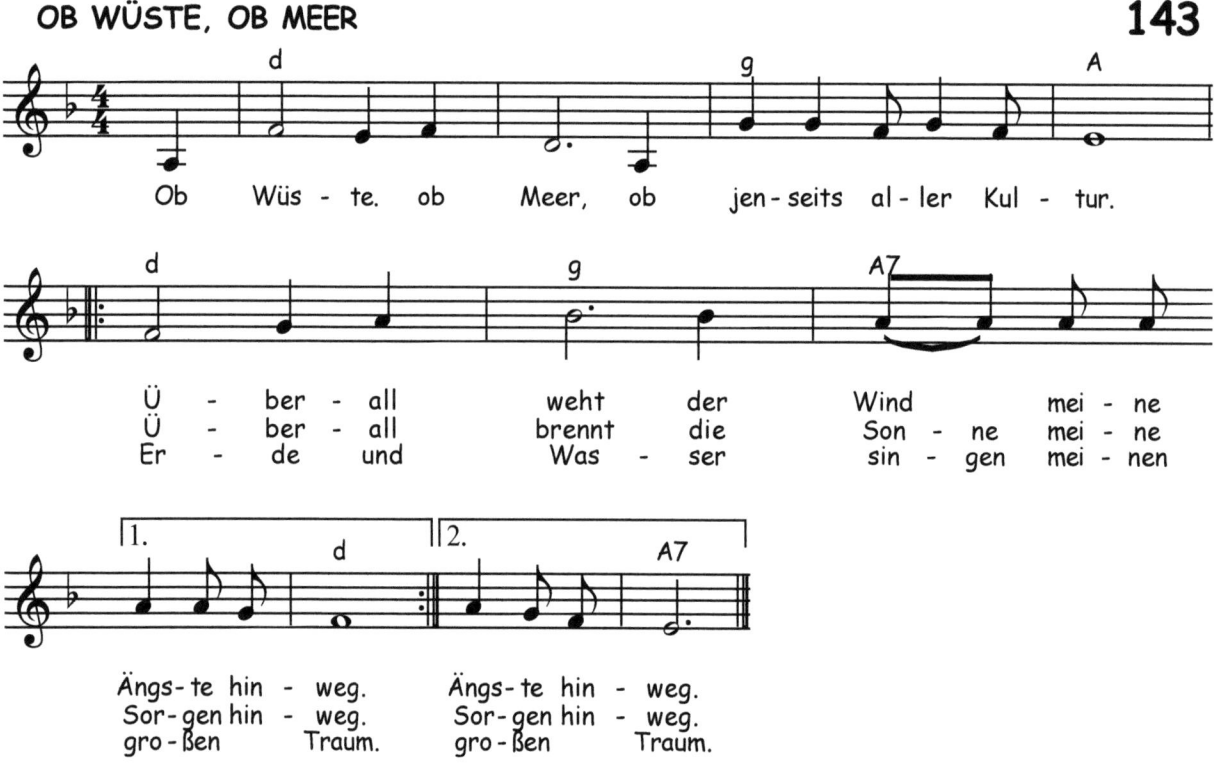

Ob Wüs - te. ob Meer, ob jen - seits al - ler Kul - tur.

Ü - ber - all weht der Wind mei - ne
Ü - ber - all brennt die Son - ne mei - ne
Er - de und Was - ser sin - gen mei - nen

Ängs- te hin - weg.   Ängs- te hin - weg.
Sor- gen hin - weg.   Sor- gen hin - weg.
gro - ßen Traum.   gro - ßen Traum.

DU BIST EIN GESCHENK

DU BIST EIN GE - SCHENK: Wenn du lachst, lacht Gott aus dir. Wenn du

strahlst, strahlt Gott aus dir. Wenn du singst, singt Gott aus

dir. Wenn du dich freust, freut sich Gott in dir;

das Gött- li - che in dir.

MEINE STÄRKE RUHT IN MIR
145

Mei-ne Stär-ke ruht in mir, ruht in mei-nem Her-zen. Mei-ne Lie-be fließt aus

mir, öff-net an-d're Her-zen. Mei-ne Freu-de wirkt aus mir, und

tanzt in an-d're Her-zen. Mein Licht strahlt in die

Welt, mein Licht strahlt in die Welt. Licht strahlt in die Welt.

OH, ICH VERTRAUE DEM LEBEN
146

Oh, ich ver-trau-e dem Le-ben, und das Le-ben, das liebt mich. Ich ver-

trau-e ganz der Lie-be. Lie-be und Freu-de stär-ken mich.

TA: Robert Betz

ICH SAGE JA ZU MEINEM LEBEN
147

Ich sa-ge Ja, ich sa-ge Ja zu mei-nem Le-ben.
dei-nem

Ich sa-ge Ja, ich sa-ge Ja zu mir
dir.

GROSSER GEIST: LASSS' IN MIR ERBLÜHEN

148

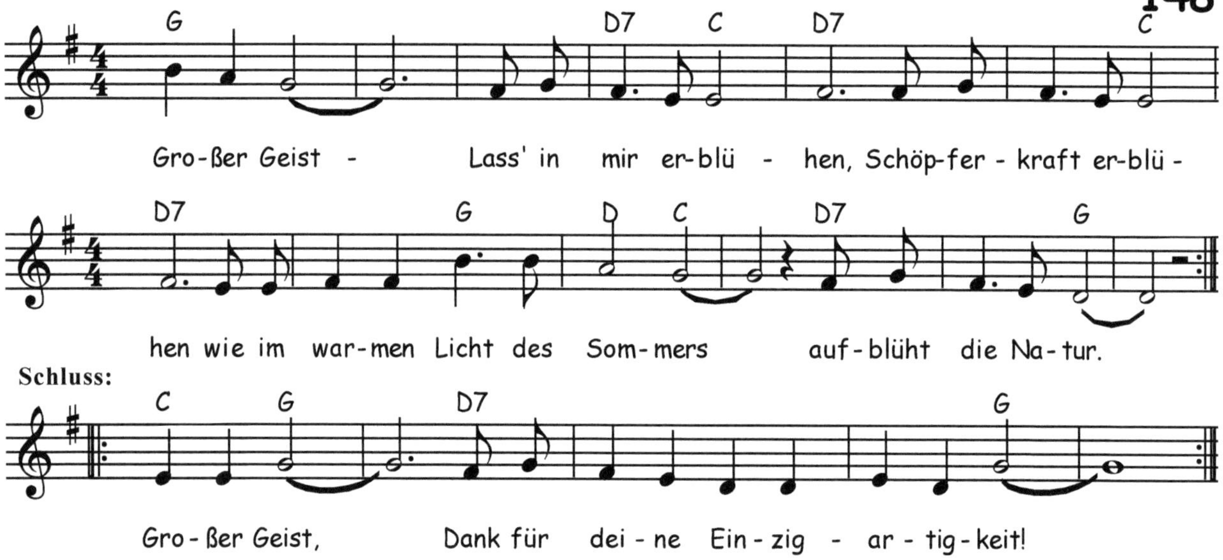
G D7 C D7 C
Gro-ßer Geist - Lass' in mir er-blü - hen, Schöp-fer - kraft er-blü -
D7 G D C D7 G
hen wie im war-men Licht des Som-mers auf-blüht die Na-tur.
Schluss:
C G D7 G
Gro-ßer Geist, Dank für dei - ne Ein - zig - ar - tig - keit!

SPIEL DEIN SPIEL UND WEHR' DICH NICHT

149

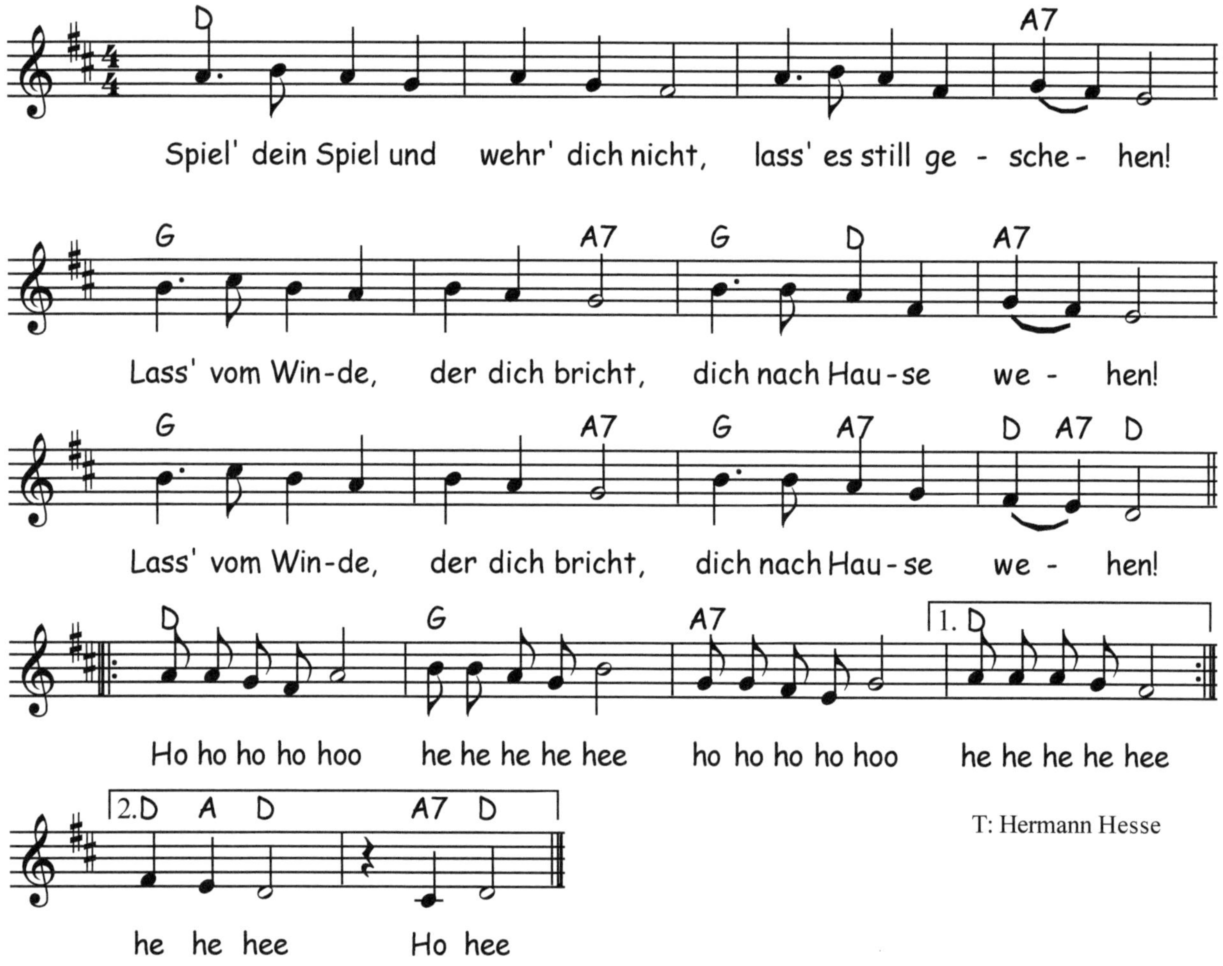
D A7
Spiel' dein Spiel und wehr' dich nicht, lass' es still ge - sche - hen!
G A7 G D A7
Lass' vom Win-de, der dich bricht, dich nach Hau-se we - hen!
G A7 G A7 D A7 D
Lass' vom Win-de, der dich bricht, dich nach Hau-se we - hen!
D G A7 1. D
Ho ho ho ho hoo he he he he hee ho ho ho ho hoo he he he he hee
2.D A D A7 D
he he hee Ho hee

T: Hermann Hesse

Lied zum Loslassen - Was wir festhalten, hindert uns am Werden.

Kapitel 15   Traum auf Erden

Wenn wir wie viele spirituelle und philosophische Traditionen davon ausgehen, dass die Welt, die wir vor Augen haben, nichts weiter ist als eine Illusion, bedeutet das, dass wir hier alles träumen. Wir müssen nur lernen, diesen Traum zu gestalten. Wir müssen lernen, gemeinsam den Himmel auf Erden zu träumen.

Durch Träumen entdecken wir wieder unsere Schöpferkraft. Wir tauchen ein in die unendlichen schöpferischen Möglichkeiten und damit in uns selbst. In unseren Träumen können wir visionär ein neues Zeitalter schauen und für unser Leben eine bessere, eine heile Welt vorstellen und wünschen; eine Welt, in welcher Lebensfreude, Schwung, Individualität und Originalität den Ton angeben.

> Träume stellen eine der ältesten Methoden der intuitiven Übermittlung von Wissen aus geheimnisvollen Quellen dar. Die Seher und Heiler in Stammeskulturen begeben sich in die Traumwelt und –zeit hinein, um dort Inspiration und Führung für sich selbst und ihre Gemeinschaft zu empfangen.   (Rachel Harris)

Wenn wir singend träumen, stärken wir unser Bedürfnis nach Harmonie, Ängste verschwinden; unsere Lebensfreude wird gestärkt.

NIMM DIR ZEIT, UM ZU TRÄUMEN
150

Nimm dir Zeit, um zu träu-men, auf dem Weg zu den Ster-nen.

Nimm dir Zeit, um froh zu sein: es ist der Weg hin zum Glück

Weg, glück-lich zu sein.

LASST UNS GEMEINSAM TRÄUMEN
151

Lasst uns ge-mein-sam träu- men von ei-ner hei-len Welt.

Von ei-ner neu-en Er- de und ei-nem neu-en Him- mel.

TA: Dieter Duhm

TRÄUMEN IST EIN STÜCK VOM LEBEN
152

Träu-men ist ein Stück vom Le- ben, Träu-men ist ein Stück vom

Glück-lich-sein. Träu-men ist ein Weg zum Frie- den. Ein Frie-dens-weg,

TA: R. M. Rilke und H. Hesse

das ist mein Traum. das ist mein Traum.

ICH HABE EINEN TRAUM

Ich ha-be ei-nen Traum von ei-nem Pla-ne-ten mit

sau-be-rem Was-ser und mit rei-ner Luft. Ich ha-be ei-nen Traum,

mein Le-ben er-blüht, denn Mut-ter Er-de wacht,

sie trägt und näh - ret mich.

TRÄUME, MEINE SEELE

Träu - me, mei-ne See - le, und sin-ge mei - nen Traum!

Flie - ge, mei-ne See - le, ver - las - se Zeit und Raum!

Sin - ge, mei-ne See - le, und träum' mein Le - ben mir!

Sin - ge, mei-ne See - le, mei-ne Stim-me geb' ich dir!

Das Meer und der Wind sin-gen mit - - - !

TA: Carlo Zumstein

DAS IST DER TRAUM, DEN WIR TRAGEN

Das ist der Traum, den wir tra-gen, dass et-was Wun-der-

ba-res ge-schieht. Dass die Zeit sich öff-net, dass das Herz sich öff-net,

dass sich Tü-ren öff-nen, dass der Traum sich öff-net

und et-was Wun-der ba - res ge-schieht, ge-schieht.

Das vollständige Gedicht lautet:
  "Das ist der Traum"
Das ist der Traum, den wir tragen,
dass etwas Wunderbares geschieht,
geschehen muss.-
dass die Zeit sich öffnet,
dass das Herz sich öffnet,
dass Türen sich öffnen,
dass der Berg sich öffnet,
dass Quellen springen -
dass der Traum sich öffnet,
dass wir in einer Morgenstunde gleiten
in eine Bucht, um die wir nicht wussten.

Aus der Zeitschrift "a tempo" 11/2020

TA: Olav H. Hauge

ICH WILL TRÄUMEN, MEIN LEBEN TRÄUMEN

Ich will träu - men, mein Le - ben träu - men. Ich will

tan - zen, tan-zen mei-nen Traum. Ich will tan - zen, mein Le-ben

tan - zen, ich will le - ben, le - ben mei - nen Traum.

EIN HERRLICHER TRAUM

Ein herr-li-cher Traum, wir sit-zen im Wel-ten-schiff, wir

fah-ren zu sam - men, ein herr-li-cher Traum Ein

herr-li-cher Traum, ei-ne Welt vol-ler Lie - be, am

Him-mel tanzt die Son - ne, ein herr-li-cher Traum.

TA: Phil Bosmans

VERTRAU' IN DIE LIEBE

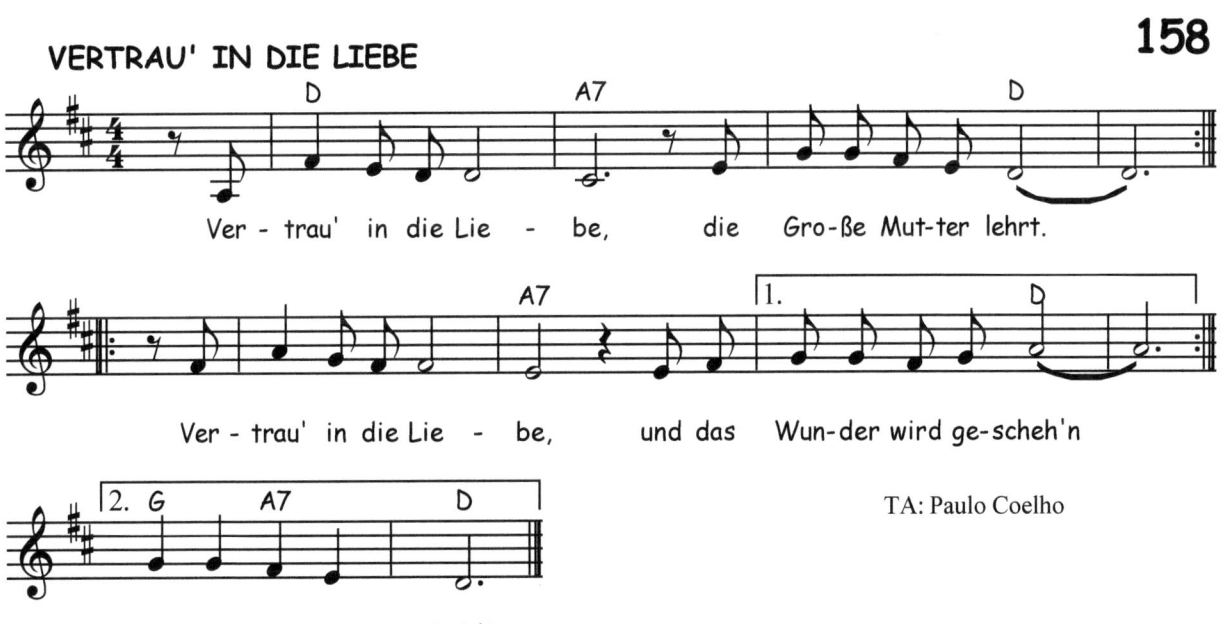

Ver - trau' in die Lie - be, die Gro-ße Mut-ter lehrt.

Ver - trau' in die Lie - be, und das Wun-der wird ge-scheh'n

TA: Paulo Coelho

Wun-der wird ge - scheh'hn.

Kapitel 16   Dankbarkeit

Es ist leicht dankbar zu sein, wenn im Leben alles ohne große Probleme abläuft. Dankbarkeit zu empfinden und ausströmen zu lassen bedeutet nichts weniger, als stets im Fluss des Lebens, d. h. im Fluss der göttlichen bzw. kosmischen Energie zu sein und sie mitgestalten zu dürfen durch seine Gedanken.

Man darf dankbar sein für das Geschenk seines Lebens und die Liebe und das Vertrauen ins Leben und seine Existenz zu fühlen.

> Stellt euch vor, jeder von uns könnte in jedem Moment die Welt als das Geschenk annehmen, das sie ist: Ein Apfel ist ein Geschenk, die Farbe Rosa ist ein Geschenk; der blaue Himmel ist ein Geschenk; der Duft der Geißblattblüten ist ein Geschenk.
>
> (Marcia Prager, Rabbinerin)

Hier in diesem Kapitel spreche ich auch meinen Dank aus für meine schamanischen Freunde Eva Maria und Bernhard Alexander, die mit ihrem Titelvorschlag meine schöpferischen Kräfte aktiviert haben, dieses Buch in Angriff zu nehmen.

GROSSER GEIST, DANK FÜR DIESEN TAG

159

AM FEUER: Gro - ßer Geist,   Dank für die-sen Tag.   Gro - ßer Geist,
INNEN: Gro - ßer Geist,   Dank für die-sen Tag.   Gro - ßer Geist,

Dank für die - se Nacht!   Gro - ßer Geist,   Dank für die-sen Platz, sei - nen
Dank für die-sen Kreis!   Gro - ßer Geist,   Dank für die-sen Ort, sei - nen

Feu - er - e - ner - gien,   sei - nen   spi - rits   und   der   Ma - gie.
Geis - ter - e - ner - gien,   sei - nen   spi - rits   und   der   Ma - gie.

GROSSER GOTT, DANK FÜR DIESEN TAG (VARIANTE)

160

Gro - ßer Gott,   Dank für die-sen Tag.   Gro - ßer Gott,

Dank für die-sen Tag!   Gro - ßer Gott,   Dank für die-sen Tag vol - ler

Lie - be   und   Licht,   vol - ler   Schön - heit   und   Mu - sik.

ICH WILL DANKBAR SEIN

161

Ich will dank-bar sein,   wenn Gu-tes mir pas - siert.   Dank-bar-keit schenkt

mir   Frie-den für mein Herz. Dan-ke, Dan- ke, Dan-ke, Dan- ke.

TA: Robert Emmons HAPPINEZ 1/2021

EIN SCHÖNER TAG VERGANGEN IST

162

Ein schö-ner Tag ver-gan-gen ist, ein schö-ner Tag

ist ge-tan. Ich sa-ge Dank für dies Ge-schenk, ich

sa-ge Dank für dies Ge-schenk. für dies Ge-schenk.

ALL THIS LIFE IS A MIRACLE

163

All this life is a mi-rac-le, ev'-ry mo-ment is new. All this world is a

mi-rac-le, all is com-ing from you. you. We give thanks for be-ing

part of your in-fi-ni-ty, we give thanks for be-ing part of your love.

Gopaldas Wyslich

THANK YOU FOR THIS DAY, LORD

164

Thank you for this day, Lord, thank you for this day!

Thank you for this way, Lord, thank you for this way! Your heal-ing, your heal-ing,

your heal-ing day, your heal-ing, your heal-ing, your heal-ing way!

Indianischer Ursprung

MEIN HERZ ERINNERT MICH

165

Mein Herz er-in-nert mich, mein Herz er-in-nert mich an das

Wun-der-ba-re, das al-les ich er-lebt, das

al-les mich be-wegt, das al-les mich be-rei-chert hat. hat.

Dan-ke für die gu-ten Din-ge, die da sind.

Dan-ke für das Gu-te, das noch kommt. A-men

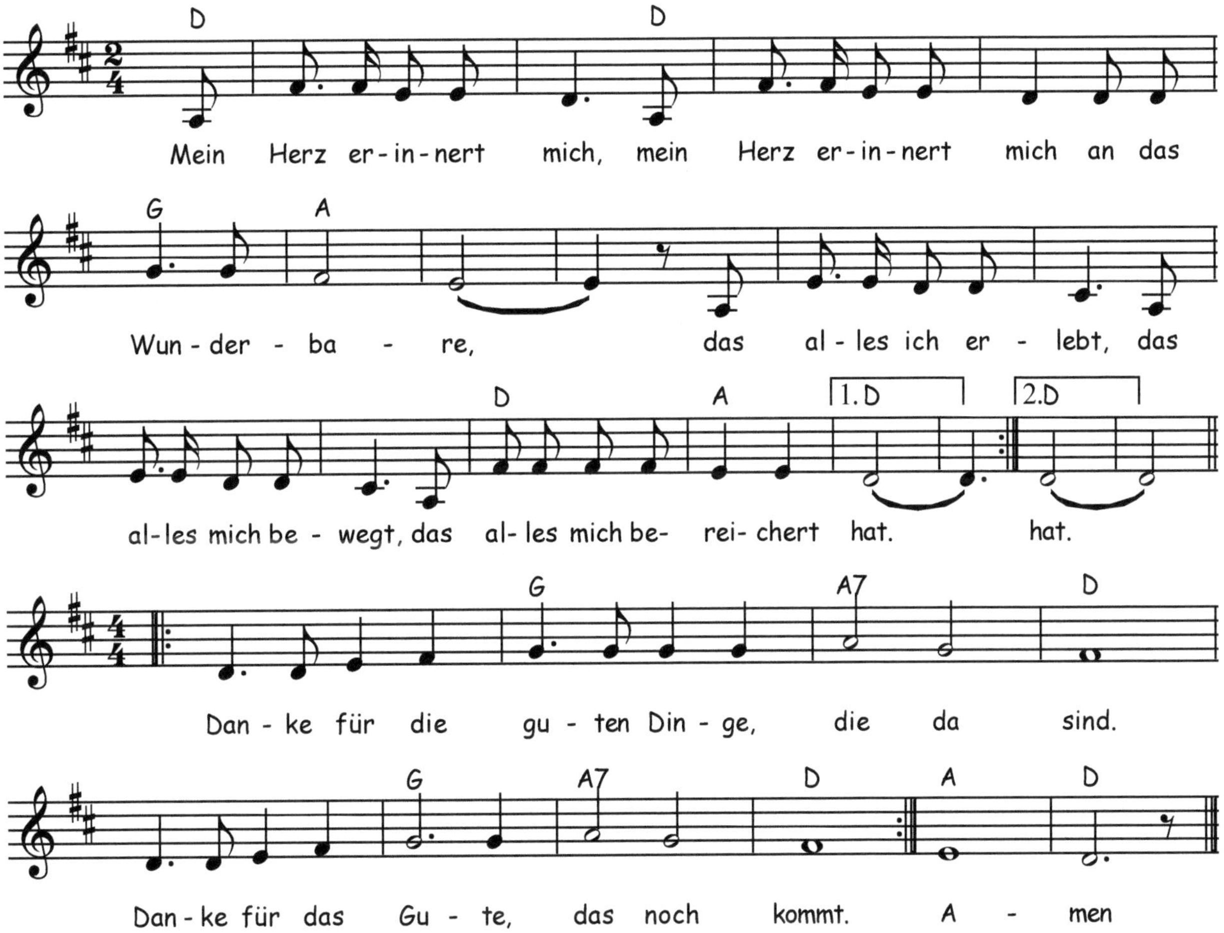

TA: Serge Kahili King

ICH DANKE DEM LEBEN

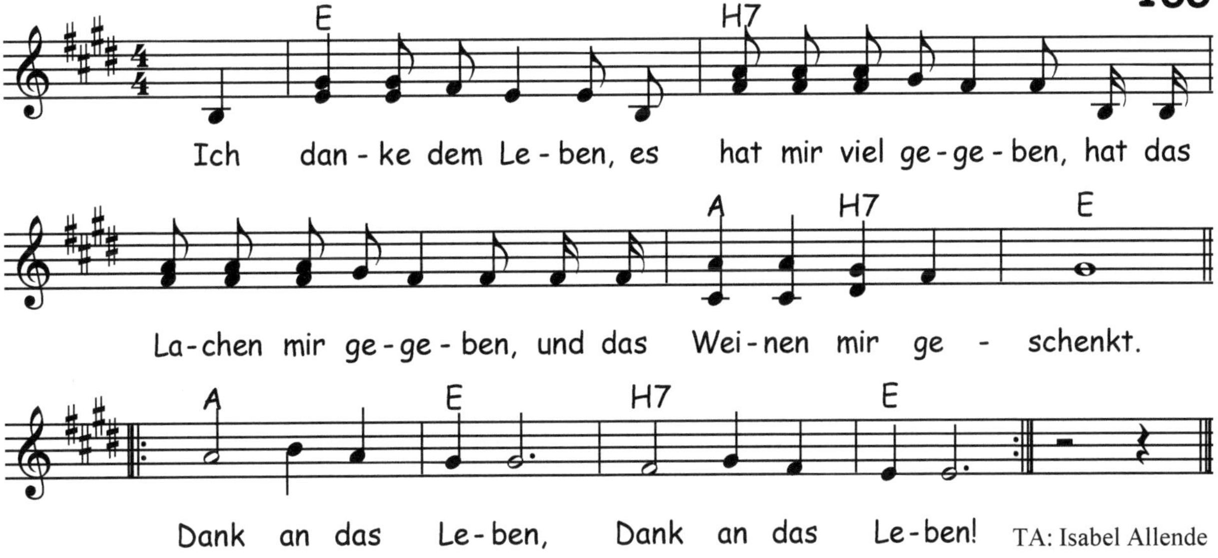

166

Ich dan-ke dem Le-ben, es hat mir viel ge-ge-ben, hat das

La-chen mir ge-ge-ben, und das Wei-nen mir ge-schenkt.

Dank an das Le-ben, Dank an das Le-ben!

TA: Isabel Allende

LASST DIE TROMMELN ERKLINGEN

Lasst die Trom- meln er - klin - gen, dem Gro - ßen Geist rings- um

sin - gen, und Mut - ter Er - de dan - ken für die

1. Schön- heit die - ses Or - tes. 2. und rings- he - rum.

Drum de dum de dum, drum de dum de dum, drum de dum de

dum, drum de dum Drum de dum.

TA: Drunvalo Melchisedek

Kapitel 17   Neue Zeiten am Horizont

Der Mensch in der Neuen Zeit

Er lässt sich von seiner eigenen Intuition leiten.

Er zeigt totalen Mangel an Interesse, andere oder sich selbst zu beurteilen.

Er macht sich keine Sorgen mehr.

Ihn zeichnet ein konstantes Wohlgefühl beim Wertschätzen von Menschen und Dingen, so wie sie sind, aus, was zur Folge hat, dass man andere nicht mehr verändern will.

Er hat das Bestreben, sich selbst zu ändern, um für die eigenen Gedanken, Gefühle, Emotionen, Körper, das materielle Leben und die Umgebung auf eine positive Art zu sorgen, sodass unser Potential an Gesundheit, Kreativität und Liebe voll entwickelt wird.

Man sieht oft bei ihm ein Lächeln, das „Danke" sagt und das ein Gefühl von Einheit aufbaut mit allem was lebt.

Er besitzt eine stets weiter wachsende Empfänglichkeit für Einfachheit, Lachen und Freude.

Immer häufiger kommuniziert er mit seiner Seele in Nondualität, was ihm ein angenehmes Gefühl von Zufriedenheit und Glück verursacht.

Er findet Befriedigung darin, in seinem Verhalten Fröhlichkeit und Licht anstelle von Kritik oder Gleichgültigkeit zu bringen.

Er dankt für die Fähigkeit, alleine, im Paar, in einer Familie und Gemeinschaft auf eine flotte und gleichberechtigte Art zu leben, ohne Opfer, TäterIn oder RetterIn spielen zu wollen.

Er genießt ein Gefühl von Verantwortlichkeit und Glückseligkeit, dass man der Welt seine Träume von einer harmonischen und friedlichen Zukunft und einer Welt im Überfluss schenken will.

Er lebt in totaler Akzeptanz der eigenen Anwesenheit auf der Erde. Er hat den Willen, sich jeden Moment zu entscheiden für das, was schön, gut, wahr und lebendig ist.   (Übermittelt von Gopaldas Wyslich)

In neuen Büchern habe ich immer einige meiner neuesten Schöpfungen eingebracht – so auch dieses Mal. Die Kapitelüberschrift „Neue Zeiten am Horizont" hat sich spontan gefunden.

Auch in den neuesten Mantras geht es um Anrufungen, die an östliche und westliche Religionen angelehnt sind oder das Göttliche in der Natur ansingen. Es werden wiederum Lebenslust, Lebensfreude und Lebensfülle besungen.

Wir Menschen sind wieder stärker eingebunden in die natürlichen Zusammenhänge der Schöpfung – Vertrauen und Offenheit vorausgesetzt. Neue Zeiten am Horizont weisen auf eine neue Ganzheitlichkeit hin. Diese neue Ganzheitlichkeit beinhaltet die Aufhebung der Trennung Gottes von uns Menschen. Er lebt in uns und um uns, sein Licht ist ebenfalls in uns und kann hervortreten, wenn unser Herz geöffnet ist: Leichtigkeit, Mühelosigkeit und Freude zeichnen unser Wachstum aus. So kann unser „Traum vom Regenbogen" weiter gedeihen. Die spirituellen Lieder dieses Buches dürfen dabei mithelfen.

NEUE ZEITEN AM HORIZONT

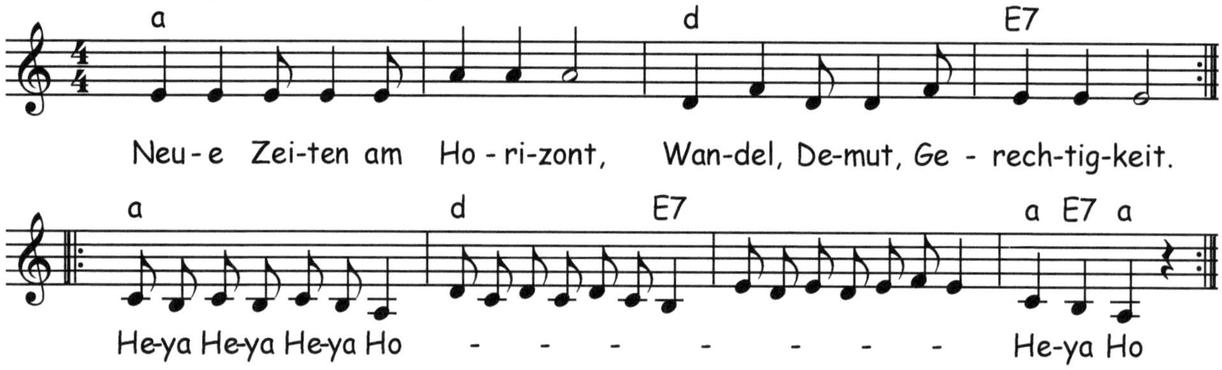
a d E7
Neu-e Zei-ten am Ho-ri-zont, Wan-del, De-mut, Ge-rech-tig-keit.
a d E7 a E7 a
He-ya He-ya He-ya Ho - - - - - - - He-ya Ho

GOTT SCHICKT MIR LICHT

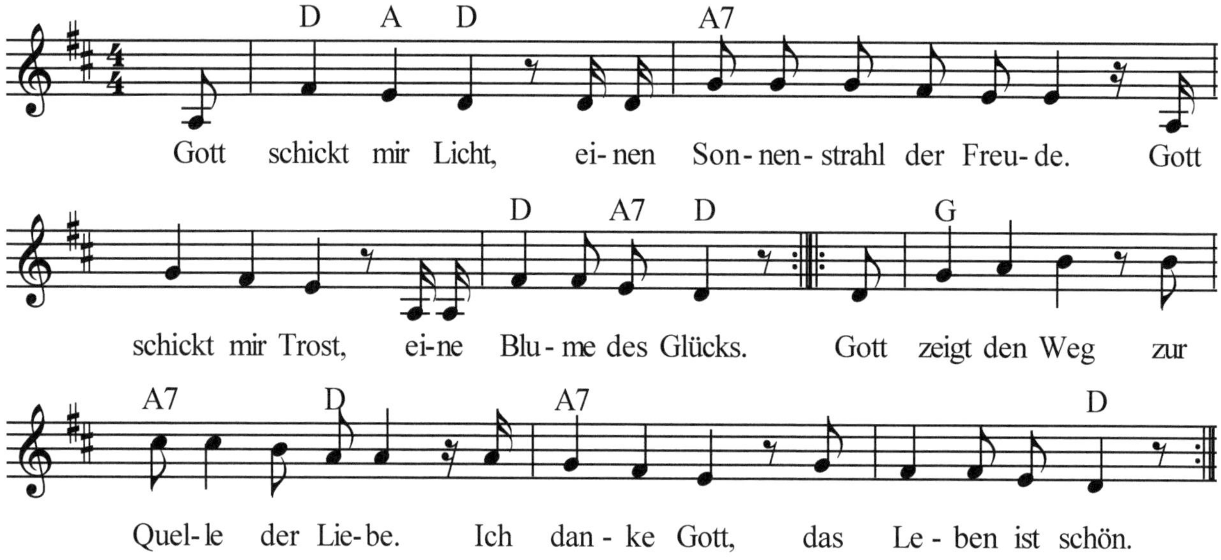
D A D A7
Gott schickt mir Licht, ei-nen Son-nen-strahl der Freu-de. Gott
D A7 D G
schickt mir Trost, ei-ne Blu-me des Glücks. Gott zeigt den Weg zur
A7 D A7 D
Quel-le der Lie-be. Ich dan-ke Gott, das Le-ben ist schön.

TA: Phil Bosmans

GROSSE MUTTER, DEINE LIEBE GIBT MIR SCHUTZ

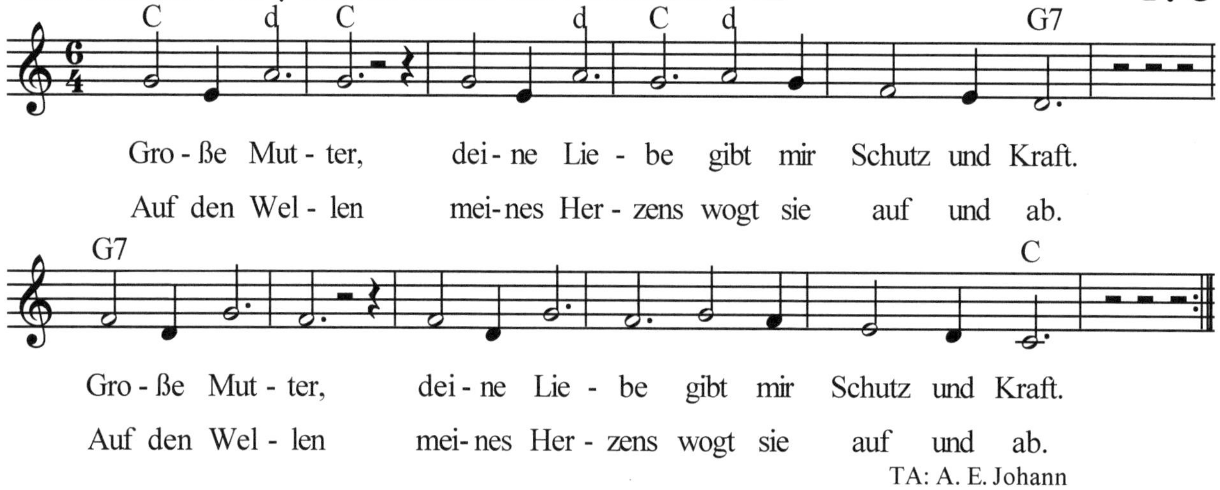
C d C d C d G7
Gro-ße Mut-ter, dei-ne Lie-be gibt mir Schutz und Kraft.
Auf den Wel-len mei-nes Her-zens wogt sie auf und ab.
G7 C
Gro-ße Mut-ter, dei-ne Lie-be gibt mir Schutz und Kraft.
Auf den Wel-len mei-nes Her-zens wogt sie auf und ab.

TA: A. E. Johann

STÜRME DES LEBENS WERDEN GANZ SANFT 171

Stür- me des Le-bens wer - den ganz sanft. Trau- er und Ein-sam-keit schwin -

den da-hin. Die Dun-kel-heit weicht dem wah-ren Licht. Le-bens

lü-gen dür-fen gänz - lich ver-geh'n. Gott lebt in mir, er

liebt mich sehr, er trös-tet mich, schickt Sor-gen weg. schickt Sor-gen weg.

ICH SAGE JA ZU MEINER ARBEIT 172

Ich sa-ge Ja zu mei-ner Ar-beit, zu mei-ner Lie-be und mei-ner Wahr-heit.

Ich sa - ge Ja: will Din - ge tun, die wich - tig sind im

TA: Christiane Schönemann /
HAPPINEZ

Hier und Nun. Hier und Nun.

FREUNDSCHAFT UND BEGEISTERUNG 173

Freund-schaft und Be - gei-ste-rung. Viel Ver-trau-en in die Welt,

He - ya He-ya He-ya Ho He-ya He-ya He-ya Ho

VATER HIMMEL WACHT ÜBER MIR

Va-ter Him-mel wacht ü-ber mir. Für Rat und Heil-wis-sen dank' ich dir.

He-ya He-ya He-ya He-ya Ho

GEIST DES WINDES, GEIST DES STURMS

Geist des Win-des, Geist de Sturms, tanzt um mich, weht mich heim,

weht mich heim. He-ya He-ya He-ya He-ya He - ya Ho

He-ya He-ya He-ya He-ya He - ya Ho

TA; Star Williams/ Bear Tribe

ICH EHRE MEIN LEBEN

Ich eh-re mein Le-ben, bin mir mei-ner Wur-zeln be-wusst. Ich

eh-re mein Le-ben, ge-he auf-recht, ge-he kraft-voll und in

Schön-heit durch das Le-ben. Schön-heit durch das Le-ben.

TA: Angaangaq

WIR HALTEN UNS AN HÄNDEN BEIM SONNENUNTERGANG 177

Wir hal-ten uns an Hän-den beim Son-nen-un-ter-gang o-der im Mon-den-

schein. schein. Wir hal-ten uns an Hän-den, er - ken-nen der Men- schen

Schön- heit ü-ber-all im Kreis. Wir hal-ten uns an Hän-den und

TA: Angaangaq

fan-gen an zu lä-cheln.

DER WEG DER SCHÖNHEIT LÄDT MICH EIN 178

Der Weg der Schön-heit lädt mich ein, Herr-li-ches in al - lem zu

seh'n, be-wusst zu seh'n. Ich hal-te in-ne, schau' mich um, er -

ken-ne Pracht und Herr-lich - keit, Pracht und Herr-lich - keit.

TA: Colette Baron-Reid

WIR GEHÖREN ZUM NETZ DES LEBENS 179

Wir ge-hö-ren zum Netz des Le-bens, sind ver - bun-den mit al-len We-sen.

Wir sind Na-tur. Pflan-ze, Tier, Lie-be, Licht, Pflan-ze, Tier, Lie-be, Licht.

TA: Sandra Ingerman

MÖGE ICH FRIEDEN FINDEN / SEGENSGEBET

Mö-ge ich Frie-den fin-den, mö-ge mein Herz of-fen blei-ben,

mö-ge ich zum Licht mei-ner ei - ge-nen wah-ren Na - tur er - wa-chen,

mö-ge ich ge-heilt wer den, mö-ge ich ei - ne Quel-le der

Hei - lung für al - le Ge - schöp - fe sein.

Verfasser unbekannt

ICH WENDE MICH DEM LEBEN ZU

Ich wen-de mich dem Le-ben zu, der Schön-heit des Le-bens

wen-de ich mich zu, Ich bin er - füllt von Lie-be und von Kraft.

Die Freu- de am Le-ben strahlt aus mir und strahlt in die Welt.

MA: G, Verdi "Ein Maskenball"

ES IST ZEIT, ETWAS NEUES ZU BEGINNEN

182

G   C   D7

Es ist Zeit,   et-was Neu-es zu be-gin-nen   und dem

G

Zau-ber des An-fangs   zu ver-trau'n.   Und plötz-lich weißt du:

T: Meister Eckhardt

183

D   A7

Ich bin lie-bens-wert,   ich bin schön.   Ich bin gut so,

D   A7

wie ich bin.   Ich bin lie-bens-wert,   ich bin schön.

D

Ich   bin   gut   so,   wie   ich   bin.

T: Affirmation von Pia Nüsslein

184

D   A7   G

1) Com - ing home, Lord,   com - ing home   You're my shel -
2) Thanks to you, Lord,   thanks to you,   You're my shel -

A7   1.   2.   D

ter   and   my   shield.   and   my   shield.
ter

Mantras alphabetisch